José Antonio Moreno Durán
COSTALIFORNIA

Ediciones
ALGORFA

No se permite la reproducción total o parcial de este libro, ni su incorporación a un sistema informático, ni su transmisión en cualquier forma o por cualquier medio, sea éste electrónico, mecánico, por fotocopia, por grabación u otros métodos, sin el permiso previo y por escrito del autor. La infracción de los derechos mencionados puede ser constitutiva de delito contra la propiedad intelectual (Art. 270 y siguientes del Código Penal).

© Copyright: José Antonio Moreno Durán
Edita: Ediciones Algorfa
Contáctenos en: una@libreriaalfaqueque.es
Dirección Editorial: Andrés García Serrano y Andrés García Baena
Año de edición: 2015
Maquetación y dibujo de portada: Pepe Moyano
I.S.B.N.: 978-84-944666-2-5
Depósito Legal: MA 1582-2015
Impresión y encuadernación: Icomgraph
Printed in Spain - Impreso en España

A mis adoradas hijas:
Paula y Katalina

I

El constructor me hablaba con vehemencia de lo que sintió al ver terminado su primer edificio, cuando por fin se convirtió en promotor inmobiliario, término que él prefería para referirse a su profesión, desdeñando cualquier otro por parecerle poco adecuado a su dignidad según su particular visión clasista del mundo. Así que su vocabulario, de natural limitado, dio paso a una palabra digna de ser apuntada en mi cuaderno: "orgasmo". "Fue como un gran orgasmo", dijo, "o como cuando de niño, siendo monaguillo, me administraban el sacramento de la eucaristía y una gran paz interior me asaltaba. Algo difícil de explicar". Me retorcí en la silla, no recordaba que me hubiese contado ese episodio de su infancia. "¿Monaguillo?", repetí. El promotor-constructor-exacólito, bien acomodado en mi diván, volvió su cabeza hacia mí y añadió: "Me dediqué a trapichear con las hostias, sí… tenían un buen mercado entre los chavales del barrio; era una justa compensación, creo yo, por un trabajo injustamente no remunerado. En cuanto el páter me descubrió, le faltó tiempo para echarme y acabar, de paso, con mi pequeña vocación religiosa. Desde entonces, no he vuelto a poner los pies en una iglesia". El obsesivo deseo de hacer negocios era, sin lugar a dudas, el principal rasgo distintivo de la personalidad de mi cliente. Ganar dinero de la manera que sea, en el límite de lo legal o ético, mucho o poco, siempre lo había antepuesto a cualquier otra consideración vital. Por no hablar del rencor, otra de las marcas indelebles de la casa, él nunca olvidaba una afrenta, aunque, como en este caso, estuviese más que justificado su castigo. Mejor dejábamos para otro día la discusión sobre el perdón cristiano, seguro que discrepábamos. "La pobre de mi madre, tan beata ella, se llevó un disgusto tremendo. Ahora que lo pienso, es raro que no le haya contado esa historia cuando hablamos de mi niñez". "Niñez", otra palabra al cuaderno. Hoy el constructor se estaba superando. Me advirtió que ninguna referencia a esta anécdota debía figurar en su biografía; le aseguré que sobraba el aviso, trataba con un profesional. Siguió su perorata comparando ese sentimiento orgásmico prístino con todas las promociones que hizo después, ninguna de ellas, ni la macrourbanización que se había llevado por delante un complejo dunar protegido o Villa Rogelio, que arrasó un rico yacimiento púnico, lo habían llenado de tanta satisfacción. "Era un edificio pequeñito, bajo más dos, que yo hábilmente convertí en dos y medio porque le metí una buhardilla que no se veía desde la calle. Y ya ve usted, será porque fue el primer bloque que promoví o el primero en el que me legalizaron un exceso de construcción gracias a mis contactos, pero nunca más he sentido aquello, se lo juro. Aún hoy paso por su fachada y me quedo embobado al contemplarla". Mientras continuaba su relato, mi mente se escabulló buceando en mis propios recuerdos esa misma impresión. Me vi en la imprenta tocando mi primer libro, hojeándolo con su penetrante olor a tinta, regodeándome con la contraportada donde aparecía una foto mía foulard gris al cuello y melena larga al viento... Estaba en éxtasis. Me vino a la memoria cómo al día siguiente, ansioso, fui temprano a la librería del pueblo donde había dejado algunos ejemplares a ver si algún cliente picaba. Pasaban las horas sin que nadie se detuviese siquiera a mirarlo, y eso que la librera amiga lo había colocado en inmejorable posición. A punto de tirar la toalla, un señor que ya llevaba en la mano un ejemplar de bolsillo de la *Divina comedia* se paró a curiosear mi libro, leyó la sinopsis de la contraportada, le preguntó algo a la dueña y lo compró. Recuerdo, con ese candor propio de la juventud, que lo perseguí unos metros calle abajo para, venciendo mi timidez, abordarlo de forma educada por si quería que le firmase la novela. El buen hombre me miró de arriba a abajo, se le dibujó una sonrisilla en su gesto adusto y me preguntó con merecida sorna: "¿Es usted Dante Alighieri?".

Años más tarde, leí una biografía de un premio Nobel al que le había acontecido algo muy parecido. En este caso, Dante era Julio César y la *Divina comedia* se convertía en *La guerra de las Galias*. Fue un vínculo que me llegó muy al fondo de mi corazón. Al fin y al cabo, la vanidad de los escritores es una cualidad básica para no desfallecer en el empedrado camino de la escritura, tan dado a giros inciertos.

II

El Club Notorius se encontraba dentro de una exclusiva zona residencial situada en la falda de una montaña de imponente belleza pétrea que abrazaba a Bella por el norte. Desde allí se contemplaba una buena porción de Costalifornia, con el azul intenso de ese mar inabarcable refulgiendo con los primeros rayos del sol. Decían los entendidos que la sierra tan cerca del litoral endulza el clima de la ciudad, el secreto de su prosperidad, esa eterna primavera o verano que embelesa a los extranjeros de medio mundo que compran casas o pasan sus vacaciones en busca del sol y la playa, el golf o la buena comida.

El comisario fue conciso. A las ocho de la mañana el inspector Galán y el subinspector Sergio Purroy estaban en su despacho recibiendo la orden de husmear "por su cuenta y riesgo, y al margen de la investigación oficial", lo que había acontecido con la muerta del Notorius. Tenían veinticuatro horas para sacar algo en claro e informar a su superior. Insólito encargo que fue recibido con cierta incredulidad por los policías, aunque en realidad se sentían adulados por la confianza que en ellos se depositaba.

El cadáver fue encontrado al lado de un pinar convertido en parque público, un pequeño pulmón verde que lenta e inexorablemente iba siendo cercado por la especulación. El cordón de seguridad era exagerado, Galán tuvo que enseñar su placa hasta en tres ocasiones a los agentes de la policía local que controlaban el perímetro. Algunos periodistas merodeaban ya por la zona. Al lado de la muerta, varios uniformados junto al juez de guardia observaban cómo miembros de la científica hacían fotos del lugar. El forense, en cuclillas, examinaba el cuerpo. Galán y Purroy esperaron a una distancia prudencial hasta que finalizasen su labor los expertos, querían, siguiendo las instrucciones del comisario, pasar inadvertidos. Vano esfuerzo el suyo, su presencia llamó la atención: uno de los que vestía mono blanco desechable se acercó hasta ellos y sin mediar palabra abrazó a Galán. Se trataba de un antiguo compañero convertido en jefe del Grupo de Homicidios de la comisaría provincial con sede en la capital. Purroy le estrechó la mano mientras su pareja hacía las presentaciones.

—Me extraña veros por aquí —comentó el de homicidios.

—Alguien de Bella debe informarse, ¿no crees? —dijo su amigo.

—Ya lo están haciendo —señaló con un giro de su cabeza a un par de policías de paisano que a lo lejos contemplaban la escena del crimen—, y no dejan de tomar notas y preguntar.

—Bueno, ya sabes que soy muy curioso —respondió el inspector rápido de reflejos, a quien no le extrañó lo más mínimo que el comisario jugara a varias bandas.

El de homicidios, sabedor de la personalidad de su excamarada, no quiso indagar más sobre su presencia allí. Explicó brevemente a la pareja que en realidad no sabían nada, del examen ocular ninguna conclusión se podía sacar, salvo la obvia: una víctima que yacía de espaldas encontrada por unos senderistas al alba. No había signos evidentes de violencia en la joven; no obstante, esperaban un primer dictamen del forense para estar seguros de este supuesto.

Galán agradeció la explicación. Intercambió unas frases de manida cortesía con el de la capital interesándose por su familia. El diálogo duró poco tiempo; el forense, en la distancia, llamaba al de homicidios para que se acercase a la finada.

Purroy creía que habrían de esperar al forense, un viejo conocido del inspector, pero éste, luego de subirse a una enorme piedra y girar ciento ochenta grados, decidió internarse en el bosque de pinos en paralelo al discurrir de un arroyuelo seco. Su compañero lo siguió sin decir palabra. A menos de cien metros un altozano les permitía observar el ir y venir de la escena del crimen, allí se detuvieron. "Esta muerta nos va a dar guerra", aseveró Galán apuntando con su dedo índice a un caserón que en el arco de piedra de la entrada disponía de unas grandes letras plateadas que componían la palabra NOTORIUS.

III

Rogelio se despidió de mí con un fuerte apretón de manos. "Hasta la semana que viene", había recalcado como siempre al darme la espalda en la salida de mi despacho. Era un buen ejemplar del tipo de cliente que recurría a mis servicios, con la salvedad de que, a diferencia del resto, él quiso imponer su criterio en todos los aspectos de nuestra relación desde el primer día: "Todos los lunes a las ocho de la mañana. No me cuente historias de que usted no recibe hasta las doce. Soy un hombre ocupado que no puede perder su tiempo a mediodía o por la tarde. Además, me pilla fresco del fin de semana". Poco dado a negociar mis condiciones y honorarios, me atreví a pedirle algo más de lo normal. "No se me suba a la parra. Yo vengo de la construcción: albañiles, encofradores, camioneros, aparejadores, políticos, sindicalistas… Un escritor comparado a esa gentuza es una hermanita de la caridad. Seré generoso en el pago, tengo mucho interés en este negocio. A cambio, quiero prioridad, el trabajo lo tendrá terminado en el plazo señalado y según la forma acordada, de lo contrario, le costará a usted el dinero". Me estaba especializando en el sector de los constructores-promotores y sabía que me vendría muy bien este cliente, por eso refrené mis ansias de mandarlo al diablo. Aunque a decir verdad, conforme lo iba conociendo, no creo que fuese muy querido entre los de su gremio. "Despiadado" era un calificativo que se quedaba corto para definir a semejante individuo.

Dos horas de sesión con un tipo tan intenso como Rogelio agotaban. Un buen café del Costalifornia, el bar que se encontraba debajo de la oficina, me serviría de bálsamo reconstituyente.

Eran las diez pasadas. La variopinta clientela del lugar estaba compuesta por currantes de la zona, profesionales liberales, ociosos varios y amas de casa que habían soltado a sus niños en el colegio del vecindario. Por suerte, hoy no estaba ese tipo con aires de dandi, paradigma del maleducado que coge el periódico del bar y durante una hora se lo empapa de arriba a abajo. A falta del de las gafas de lectura fucsia última tendencia con imancitos en el puente, esa mañana estaba también otro ejemplar de lector gorrón egoísta, un parado con chándal de hipermercado que parecía vivir en el establecimiento. El periódico local, *El Sol de Costalifornia,* se encontraba encima de un montón de folletos y diarios antiguos al lado de la caja registradora, lo acababa de depositar allí Arturito, el camarero; yo lo vi, el parado lo vio, apreté el paso desde la puerta de entrada para engancharlo, pero el desempleado, que salía del aseo, trotó o más bien casi corrió descaradamente hasta ganarme por una mano de ventaja. Nos quedamos los dos frente a frente, él con su presa ya bajo el brazo y yo con mi cara de mala leche. "Ahora se lo paso, no tardaré mucho", me dijo. Para más inri me ofreció como consolación el diario deportivo. "No gracias, yo no leo esa mierda", le contesté. Me aguantó chulescamente la mirada unos segundos, después me dio la espalda llevándose los dos periódicos. Creí escuchar un "jódete" pronunciado entre dientes, fue tan imperceptible que preferí no hacerle caso.

Mal empezábamos la mañana. Con el rabo entre las piernas, no era plan de buscar pelea a esas horas, cogí el periódico del día anterior y pedí un café en la barra. Un conocido traficante de armas de la zona que esperaba su extradición ocupaba la portada, los titulares de la información local se completaban con la omnipresente crisis y la moción de censura municipal. El desempleado, con barba de tres días, se acomodó en una mesa al fondo del local. Éste era otro que utilizaba gafas de presbicia, puede que formase parte de la equipación básica de los de su especie.

Me consolé pensando en mi siguiente visita. Lupita Lavargas curaba cualquier herida del alma.

IV

Terroba, el forense, fue abordado por Galán cuando estaba a punto de introducirse en su coche. Ambos estaban a un paso de la jubilación, se conocían y apreciaban desde los tiempos en que los homicidios de la zona eran resueltos por agentes de Bella, no por extraterrestres de la capital, cosa que sucedía desde hacía más de una década. "Por la temperatura corporal debió morir sobre las cuatro o cinco de la madrugada. Las verdadera causa del óbito la sabré cuando le realice la autopsia en el Instituto de Medicina Legal. En principio, y sin descartar nada, no hay indicios de muerte violenta, aunque aprecio un pequeño desgarro anal bastante sospechoso". Galán le pidió como favor personal que lo llamase en cuanto supiese algo. El forense dijo que lo intentaría, tras lo cual se despidió con premura del inspector; debía acudir rápido a su lugar de trabajo, varios cadáveres esperaban sus conclusiones. Su elegante figura desapareció entre los cristales tintados de un coche oficial que enseguida abandonó el sitio. Los policías se acercaron al vehículo de la funeraria donde introducían a la interfecta. Galán, antes de que cerrasen el portón trasero del auto, le pidió a los empleados que manipulaban la camilla que esperasen un momento. Accedieron a deslizar un poco la mortaja para que al menos se le pudiese ver medio cuerpo a la muerta. Sólo fueron unos segundos, suficientes para que Purroy le sacase una foto con su móvil. Allí yacía una chica exánime de veintipocos años, atezada, con pelo rizado, grandes ojos con pestañas que parecían postizas, cejas depiladas, de labios carnosos, pómulos sobresalientes y un lunar justo debajo de la nariz algo achatada. El inspector dio las gracias a los de la funeraria, quienes en un santiamén volvieron a taparla y la depositaron por fin en la parte trasera de un Mercedes negro habilitado para esas labores mortuorias.

La pareja de policías se encaminó hacia su coche. "Tiene aspecto de sudamericana. Me pareció muy guapa", comentó Purroy. "Para ser estrictos, yo diría que era norteamericana, en concreto de los Estados

Unidos de México", Galán meditó un instante hasta completar su observación: "Era un bombón. Lo es muerta, imagínate cuando vivía y lucía palmito". "¿La conocías?", preguntó Purroy sorprendido. "Más o menos. Su cuerpecito, su carita, mitad adolescente mitad mujer, creo que volvía locos a muchos hombres. Era una puta bastante cotizada". Galán cortó la conversación en seco, empezó a manipular su teléfono y realizó una llamada que le sirvió para fijar una cita rápida con alguien. "Vamos al Puerto", dijo mientras guardaba el móvil. Purroy no curioseó más, asumió que se enteraría de lo que pasaba conforme se sucedieran los acontecimientos, su compañero era así, le gustaba cubrir todo con un pequeño halo de misterio, administrar en pequeñas dosis sus descubrimientos. A cualquier otro le hubiese sacado de sus casillas este comportamiento que Sergio asumía muchas veces con verdadera resignación cristiana. Pero, a pesar de ello, eran un matrimonio bien avenido, cada uno, a su manera, respetaba las rarezas del otro y procuraban, los dos, no asaltar esa parcela de espacio vital y profesional que les era propia y no querían compartir. El secreto de una buena convivencia que en ocasiones Galán tensaba a conciencia, como buscando reafirmar su buena entente.

Se metieron en el descapotable del inspector dirección sur, hacia el Puerto.

V

Guadalupe Lavargas, Lupe Lavargas, se retrasaba, algo raro en ella. Nunca, hasta la fecha, me había fallado en una cita, pese a que yo sabía que me hacía un hueco en su apretada agenda. Hacía un mes que comenzamos nuestra colaboración. Me dijo que comprobando su anuncio de contactos en el periódico vio por casualidad el mío: "Escritor profesional. Biografías y trabajos afines. Contacte sin compromiso". Ese día compré *El Sol* para comprobar si mi reclamo estaba incluido en la sección de *RELAX*, afortunadamente aparecía en la columna contigua, bajo el epígrafe de *OTROS*. Tampoco me hubiese extrañado ni molestado, puesto que yo vendía mis servicios al mejor postor, una especie de prostitución intelectual tan antigua como la escritura misma. Creo que Lupita, un ser pragmático, compartía esa opinión. Para ella todos teníamos un precio y, en su caso, si por medio aparecía el sexo, nadie era capaz de resistir la tentación.

Al recibirla el primer día fue directa al grano: quería una biografía. Le pregunté la edad porque escribir sobre la vida de alguien joven ya me había dado problemas en el pasado, por mucho que en este caso el puterío proporcionase experiencia. Mi cuestión la respondió con otra: "¿Usted qué cree?". Le respondí que no me consideraba buen fisonomista, "aparenta veinticinco años, quizás un poco más". Ella sonrió, y me confesó que acababa de cumplir treinta y cinco. "¡Que Dios le conserve la vista!", añadió con merecida mofa.

Antes de aceptar un trabajo procuraba formular unas cuantas preguntas para situarme, llevaba varios años en el oficio y había visto y oído lo inimaginable. Me podía permitir ser selectivo, no como en mis comienzos, donde no le hacía ascos a nada. Lo primero era saber por qué alguien quería una biografía o unas memorias. Esta pregunta, para ser sincero, era perfectamente prescindible, ya que la respuesta era común. Disfrazada de mil excusas baratas, en el fondo mis clientes buscaban lo mismo que la mayoría de los escritores: la posteridad.

Quienes compraban mis servicios, sin que ellos lo supiesen, actuaban mentalmente igual que los poetas, los novelistas, los ensayistas... seres con un elevado ego, que se saben doctos en alguna materia, o imaginativos hasta el punto de inventar las historias más diversas, o diestros para juntar palabras con significado y musicalidad; pero casi todos unidos por el deseo de pasar a la posteridad, de ser reconocidos en su aportación intelectual al mundo cultural que les perteneciese. Y si ese reconocimiento era en vida aún mejor, así se podía saborear las mieles del éxito, con sus añadidos de fama y dinero. También los había, al contrario que en el resto de profesiones, quienes podían dedicarse en cuerpo y alma a su vocación sin recompensas materiales, les bastaba con saber que su talento era apreciado por unos cuantos fieles, se aferraban a la idea de que el verdadero artista es siempre aquel al que se le reconocen los méritos una vez muerto. Un triste consuelo que los acercaba aún más a la dichosa posteridad.

Yo también la había buscado, evidentemente. Fui de los primeros escritores de Bella que escribió una novela como tal. Disfruté de forma efímera de una inmerecida familia entre algunos de mis conciudadanos, los cuales, supongo, pensaban de mí que era un tipo raro que perdía su tiempo en escribir novelas, en vez de procurarme un buen sustento como comercial inmobiliario, recepcionista de hotel o enchufado en la administración local. Sin embargo, pudo más mi vocación, o tal vez mi ego, hasta empujarme a escribir otra novela, y otra, así hasta llegar a cinco que dormían el sueño de los justos en algún cajón perdido de mi casa. Las envié a no sé cuántos editores y agentes literarios, trabajo en balde que me consumió no pocas energías. Podría haber desfallecido, haber claudicado, y continuar con alguno de esos trabajos aburridos que no llenaban mi mente y sí mi bolsillo. Por fortuna, un día decidí reinventarme, ofrecer a otros la posibilidad de legar sus experiencias, sus ideas, sus sueños y sus anhelos a través de ese objeto tan fetichista y maravilloso que es el libro. Poner mi pequeño talento de escribidor al servicio de aquellos seres que deseaban que su recuerdo no se desvaneciese jamás, que en el futuro un hijo, un biznieto o un antropólogo pudieran bucear en sus entrañas vitales, que su paso por esta vida tuviese su huella impresa. Una cierta idea de la posteridad...

Cuando Lupita Lavargas, la luminosa Guadalupe, una hembra de bandera que desprendía sensualidad y sexualidad en cualquier gesto o palabra, me confesó su porqué a mi primer por qué, comprendí que estaba ante alguien que iba a sacar de mí lo mejor. "Güey, no me sea huevón, yo no pregunto a mis clientes por qué quieren esto o lo otro, lo quieren y basta. Y ahí estoy yo, nomás, para satisfacerlos, no para meterles dudas que les baje lo que tiene que andar bien paradito. Así ganamos los dos: yo me gano mi perra vida y el cliente se va tan feliz. Usted se complica mucho, sea práctico. A qué preguntar para que el pájaro vuele, agárrelo y no lo suelte, desplúmelo y, después, si quiere, que medite en su huevuda casa con su huevuda familia".

Sabia lección de un ser pragmático que tiró abajo con unas pocas frases algunas de mis enrevesadas y pedantes teorías.

VI

Dejaron el cabrio cerca de la barrera de entrada al puerto deportivo. La luminosa mañana invitaba al paseo. Se internaron por el espigón de levante y al llegar a la bifurcación Galán optó por la derecha. Observaron cómo una anciana de aspecto extranjero sacaba de entre las ciclópeas piedras del espigón una trampa con un gato dentro. Otros felinos maullaban a su vera. Purroy quiso saber qué narices hacía la trampera. La mujer, con un español muy forzado, les explicó que esos espigones estaban llenos de gatos, más de setenta tenía contabilizados; ella les procuraba alimentos, vacunaba, esterilizaba y curaba; a veces tenía que utilizar trampas para capturarlos y llevarlos al veterinario. Sacó del bolsillo de su chándal descolorido un taco de papeletas para el sorteo de Navidad, con algo de pudor solicitó la colaboración de los policías; éstos, gustosos, compraron unas cuantas. Galán se entretuvo en acariciar un gato persa; Purroy estornudó compulsivamente. Le dieron ánimos a la dama altruista y continuaron su paseo hasta el final del largo espigón, más de cien metros. "Me juego lo que sea, Serge, a que no te gustan los gatos". "Tengo alergia a su pelo", le respondió. "Pura excusa, se nota que tú eres del sector canino. De los que les molesta la independencia felina, de los que adora la fidelidad perruna. Yo clasificaría a la gente por estos gustos, dicen mucho de la personalidad". Purroy, una vez más, no quiso contestarle, se limitó a sonarse la nariz con un pañuelo. Allá donde la mole de hormigón y piedras que delimita el puerto termina, había un solitario individuo esperándolos.

Rocco era un soplón al que Galán acudía con frecuencia. Un proxeneta que conocía mejor que nadie ese oscuro negocio en Bella. De entrada, el italiano que no era italiano, y no se llamaba de verdad Rocco, se quejó por haber sido despertado tan temprano, "soy un animal nocturno", dijo. Galán no se anduvo por las ramas. "¿Cómo se llamaba esa putita mexicana para la que me pediste un favor hará ya un par de años?". "¿Lavargas? ¿Lupita Lavargas? Supongo, es la única mexicana que ha trabajado para mí. Y tampoco le pido tantos favores, inspector; así que sí, recuerdo que era ella". "Ha sido encontrada muerta esta mañana al lado del Club Notorius". Rocco cambió de cara, pareció afectarle la noticia, de hecho se persignó. "No estaba metida en líos raros. No. Cuando me dejó buscó la protección de los del Notorius, aunque yo tampoco le hubiese hecho nada. Era muy lista esa chica, muy previsora, dos pasos siempre por delante que el resto. Por eso me extraña su muerte, sabía cuidarse muy bien".

El trío comenzó a pasear en dirección contraria a la que habían venido, buscando el inicio del espigón. Los agentes le pidieron a Rocco que adquiriese algunas papeletas de la Asociación Protectora de los Gatos del Puerto. El italiano, de mala gana, pretendía comprar solo una participación de Navidad; Galán lo reprendió y no tuvo más remedio que aflojar un billete de cincuenta euros. "Yo odio a los gatos, son seres desagradecidos, donde se ponga un perro...", objetó el explotador sexual. Galán miró de reojo a Purroy moviendo la cabeza de un lado a otro en señal de desaprobación. La del chándal (¿azul o negro?) lleno de pelos de gatos agradeció con extrema educación la colaboración.

El inspector preguntó al italiano por sus negocios. El chulo se quejó amargamente de la competencia desleal. Pidió a los policías ayuda. "No es de recibo. Las putas de lujo dan caché a un sitio como Bella. Son un complemento más de la diversión que algunos turistas buscan. No saben lo que cuesta captar una buena belleza del este o una brasilera explosiva. Y resulta que esos bellezones son perseguidos, y las negras gordas y feas de Nigeria o de donde coño vengan se pasean libremente por pleno Puerto, les da igual que las detengan, a la hora están de vuelta. Qué imagen más lamentable damos. Yo le digo, inspector, que tienen que hacer algo, esto se va de las manos". A Galán se le iluminaron los ojos. "Jodido italiano, tú te has equivocado de profesión. ¿Por qué no buscas un puesto de asesor en el Patronato de Turismo de Costalifornia? No sabía yo que le tuvieses tanto amor a esta tierra como para preocuparte por su imagen". El chulo bajó la cabeza y se lamentó: "Usted es intratable, inspector. No da tregua".

Antes de despedirse, le preguntaron al proxeneta cuándo fue la última vez que vio a Lavargas. Les explicó que por casualidad se la encontró paseando por el Puerto haría un par de meses, tomaron café y limaron asperezas. Les dio, porque Purroy se lo pidió, el número del teléfono móvil de la fallecida. Se despidieron al lado de la garita que controlaba la barrera de entrada del Puerto. El italiano les reiteró su petición de que actuasen contra las mafias africanas que estaban hundiendo la imagen de Bella, o al menos la de su sector.

Purroy no pudo resistir la tentación de preguntarle a su compañero por la procedencia del soplón. "Se llama Gaspar, Gaspar García, y es manchego. Como se viste muy a la moda y cuida mucho su imagen empezaron a llamarlo en su mundillo 'el italiano'. Tanto le gustó que se quedó con el alias, e incluso cambió su nombre por el de Rocco. Cosa comprensible: con el nombre de Gaspar hacer fortuna en su mundo puede ser un hándicap. A la hora de maltratar y poner en cintura a alguna de sus protegidas suena mejor Rocco que Gaspar. El puñetazo duele lo mismo, pero tiene más clase si te lo da un falso italiano que no un manchego con nombre de rey mago. Las putas son muy suyas". Purroy le comentó a su compañero que le había gustado la teoría del "italiano", no entendía muy bien por qué había sido tan cortante con él. "Yo, que sigo el negocio de cerca —explicaba Galán—, te digo que no es más que un reflejo de esta sociedad. Turismo de lujo, putas de lujo. Si bajamos el nivel, putas baratas. Estaba muy bien esbozada su idea; sin embargo, a estos tipejos los tienes que atar en corto, son de los que enseguida se te suben a la chepa. Mejor los puteas, con razón o sin ella, es la única manera de que te respeten".

Los dos policías abandonaron el Puerto a bordo del descapotable. A iniciativa del dueño del vehículo se dirigieron a la comisaría, tocaba mover los contactos oficiales y de otro tipo para obtener más datos de Lavargas.

VII

Tras más de media hora de espera decidí telefonear a Lupita. Me saltó su contestador. Puede que tuviera una noche más ajetreada de lo normal.

No quería estar más en el despacho, necesitaba evadirme un poco. No era desde luego la mejor hora para visitar el Guermantes, pues la tertulia solía empezar más tarde.

A menudo comentábamos los que allí nos reuníamos que era un lujo para Bella disponer de un café a la vieja usanza, de los de tertulia y mesa de mármol, de los de camarero punta en blanco y bicarbonato, de los de vaso de agua acompañando al café y lotero en la puerta. Fue fundado por un poeta caribeño que conoció en París a una rica heredera de una conocida y adinerada familia bellense. Cuando se casaron, Nicanor —el poeta— no puso demasiados reparos en cambiar su mísero estudio de Belleville por una buena mansión con vistas al mar en la tierra de su mujer. Dicen, quienes lo conocieron, que pronto los placeres mundanos de su nueva vida burguesa no le procuraron satisfacción: la familia y los amigos de su mujer solo hablaban de dinero, y fuera de ese círculo sólo halló un desierto cultural, así que se sumió en una depresión al comprobar que el ambiente intelectual de Bella era nulo. Su cónyuge ideó montar un café con aires literarios donde el rapsoda al menos pudiese conversar con los cuatro locos que compartían su afición. El nombre del negocio fue la única aportación práctica y teórica de Nicanor, lo único que impuso a su esposa; al parecer, dada su francofilia, no dudó ni un instante, quería que el amparo de Proust protegiese su particular templo de la cultura.

Guermantes no pudo contar con la presencia de su mentor mucho tiempo, al mes de inaugurarse falleció. Algunos dicen que el hombre, con cincuenta años cumplidos, había vivido una juventud entregada a los excesos y andaba delicado del corazón. Las malas lenguas, que nunca faltan en la ciudad, hablan de que conoció a una joven poetisa noruega en sus primeras tertulias con la que supuestamente estableció una relación tanto espiritual como sexual. Los malpensados aseguran que la divina vikinga era una insaciable amante que acabó precipitando un ataque de apoplejía que en pocos días se lo llevó al otro mundo.

La dueña, su viuda, nunca hizo caso de semejantes habladurías. Procuró que el Guermantes no perdiese el encanto que lo había inspirado, era como una herencia que le recordaba a su marido. Un día, cuando yo ya empezaba a frecuentar el local, apareció con dos cuadros que desde entonces presiden la sala principal. Uno de ellos era la foto de Proust y el otro un lienzo con el retrato de su difunto esposo. Sólo con ver el óleo uno se hace una idea de que el personaje debió de ser alguien muy especial; su pose, su forma de vestir y ese bigote engolado recordaba más a uno de esos poetas latinoamericanos del XIX o principios del XX que emigraban a París que a alguien de nuestra época.

Bajo la beatífica mirada de don Nicanor y Marcel Proust se encontraba nuestra mesa de tertulia. En el mejor sitio del establecimiento, con dos grandes ventanales a ambos lados que nos permitían curiosear cuanto pasaba en la calle y empaparnos de esa maravillosa luz que se filtraba por entre las ramas de los plataneros que se alzaban en la acera. El cartel de reservado se colocaba sobre el mármol blanco de nuestra mesa desde la apertura, era un privilegio que doña Ana nos concedió porque le hacíamos recordar, según nos confesó, a las tertulias de Saint Germain des Près o el Barrio Latino, donde su difunto marido la llevaba a tomar chocolate y codearse con los intelectuales del momento. "Yo no hablaba una papa de francés, pero todo parecía muy interesante", nos dijo un día, con una sinceridad tan apabullante y descargada de complejos que no hizo sino aumentar nuestra devoción por ella y su negocio. Así pues, *los elegidos*, como alguien había bautizado a nuestro grupo, acudíamos allí como el que acude a su parroquia o a la casa de sus padres, es decir, en total y entera confianza.

Ese mediodía únicamente Asís, el archivero, ocupaba silla. Era hombre de costumbres, mi admirado Asís, su vaso de vermú en la hora del aperitivo así lo constataba. Lo saludé con cariño correspondido.

VIII

—Tienes que mojarte. Sin quien ya sabes no hay posibilidad de indagar en las llamadas del móvil. A ella, por el puesto que ocupa, no le costará nada tener esa información, nosotros no podemos recurrir a los canales habituales.

Purroy, desde que salieron del Puerto, se olía la encerrona. Su compañero le compelía a pedir un favor a su exmujer; el mero hecho de pensarlo ya le desagradaba.

—No me pongas esa cara. Si quieres, la llamo yo y le digo que tú no has querido ponerte al teléfono. Seguro que acabamos enfrascados en una de esas conversaciones largas y densas que, después, cuando te las cuento, te hacen deprimirte aún más. Tú serás, a tu pesar, cortante. Y recuerda, no hay un segundo que perder.

Sergio Purroy se retrepó en el sillón de la pequeña oficina que compartía con Galán. Observó el portarretratos con la foto de sus dos hijas y reflexionó unos instantes. Hacía meses que no intercambiaba una palabra con su antigua pareja, veía a sus hijas los días que el juez había dictaminado y su servicio se lo permitían, tras una pelea en los tribunales que había hecho saltar por los aires el poco afecto que podía quedar entre dos seres que habían compartido casi diez años de vida en común.

—¿Sabes?, no voy llamarla. Me da igual lo que pienses. Es lo último que mi mente y mi cuerpo me piden —dijo Purroy.

—¡Déjate de gilipolleces! —exclamó Galán—. Mírame a mí: tres divorcios con cicatrices a mis espaldas. Y ahora, qué curioso, todas me quieren. Están deseando contarme lo mal o lo bien que se sienten solas o con sus nuevos maridos o novios. Tú, no me canso de decírtelo, sigues en la fase de duelo. Tienes que pasar página, deja ya de enrocarte en ese sentimiento macho de posesión perdida, asume ya tus puñeteras responsabilidades sin mirar más al pasado.

Galán le aproximó el auricular del teléfono, sabía desarmar a su compañero con insistencia y argumentos. Claro que ese día, ese día en concreto, ese día desde por la mañana no era el día de Purroy. De un manotazo quitó de su vista la obscena proposición. Se levantó de su silla y abandonó el despacho en busca de aire fresco farfullando un "¡vete al carajo!".

IX

—Mi dilecto amigo. Lo veo mejor que nunca, esa cara, espejo del alma, es un reflejo de alguien a quien le va bien la vida —me dijo Asís, el archivero, mientras levantaba su mano buscando un camarero.

—No me quejo. En el trabajo no me faltan clientes. Y sigo escribiendo sin perder la esperanza de publicar algún día una buena novela. Puesto a quejarme, me falla un poco el tema sentimental, con las mujeres... bueno, ahí ya entramos en un tema escabroso —contesté yo.

Asís no soportaba beber solo. Delante de él, por respeto y devoción, yo solía pedirme un buen copazo.

—Un *gintonic* a estas horas es dar un ejemplo, sí señor, una provocación a los biempensantes, enemigos de los creadores como usted y como yo, a los que estamos obligados por contrato a epatar —Asís chocó su vermú contra mi esencia de endrinas con brindis incluido.

El archivero era el más brillante de *los elegidos*. Su erudición literaria no conocía límites. Cualquier novelista o ensayista de Bella que se preciase le pasaba un manuscrito de lo que pensaba publicar para que él lo corrigiese. Nunca desanimaba a nadie, aunque quienes lo conocíamos sabíamos leer entre líneas sus pensamientos críticos, y a fe que le hacíamos caso. También yo percibía, pese a lo reducido y provinciano de mi mundillo literario, que los seres como Asís, cargados de inteligencia y sensibilidad, desarrollaban siempre una arista hosca, o melancólica, o excéntrica. Un algo que les salía de lo más profundo de su ser para diferenciarlos de los demás. Por ello, el bueno de Asís desaparecía semanas sin que supiésemos nada de él, su lado misántropo se imponía a veces a la fina ironía con que adornaba su forma de ver la vida. Además, por si no fuera poco fardo su atormentada mente literaria, pertenecía a la congregación de los enfermos con salud de hierro, capaz de huir de una corriente de aire como el que ve al diablo, y que al primer síntoma de una enfermedad creía que el mundo se le venía encima e imaginaba lo peor.

—Pues aquí donde me ve, la semana pasada tuve que ir al urólogo, me diagnosticó una prostatitis leve. Ando tomando unos extractos de hierba y por las mañanas me tomo un zumo de granadas —yo sabía que empezar una conversación sobre males era de su gusto y estaba encantado de darle carnaza.

—¡Qué me dice! ¡Prostatitis! ¡PROS-TA-TI-TIS! —gritó sin importarle que alguien nos escuchase—. Cuídese, por Dios, empieza uno dejando que un médico calvo le haga un tacto rectal y a partir de ahí la vida cambia, es un vuelco radical.

—Hombre, me ha dicho que es algo benigno, que tampoco le haga mucho caso.

—Calle, calle... La enfermedad de los obispos... Y encima usted, que es promiscuo reincidente. A partir de ahora, las descargas seminales han de ser regulares, nada de aguantar la eyaculación. Si ellas quieren un orgasmo que se busquen a otro o sean rápidas, da igual que lo pongan de eyaculador precoz. Y tiene que escribir de pie, a lo Hemingway, la vida sedentaria se ha convertido en su enemigo. Espero que el médico le haya advertido que ha de tomar estas precauciones —Asís parecía experto en la materia. No paraba de mover las manos para enfatizar su explicación.

—El urólogo, que, por cierto, sí era calvo, no me ha advertido de casi nada. A lo sumo, que tenga cuidado con el alcohol, el café, los excitantes en general, y que no permanezca sentado mucho tiempo —respondí yo.

—Entre mi hipocondría y que el pobre de mi padre también padeció prostatitis, le puedo asegurar que sé más de la enfermedad que el que la descubrió.

Asís prosiguió con una explicación detallada de la enfermedad, sus posibles complicaciones y medicamentos aconsejables. Diez minutos de cháchara que debieron de dejarle la boca seca, porque apuró de un trago su vermú y ansioso demandó para ambos otra consumición al camarero de turno.

—Asís, antes de que se me olvide —le dije—, ¿y esa gestión con los encargados del padrón municipal?

—La de su amiga mexicana, la información que ella le pedía...

¿Cómo se llamaba...? Lavargas, precioso nombre. Pues me dicen mis camaradas del Ayuntamiento que no es ningún problema expedir el certificado, que vaya ella misma por las oficinas con los papeles que le exigen. Y después, según me comentan, lo debe aportar para la obtención de la nacionalidad. Los del padrón municipal ni miran, ni tienen acceso, a los antecedentes de nadie; eso lo harán en la policía, cuando tramite allí su permiso de residencia.

X

Purroy se refugió en el bar que había frente a la comisaría. Allí estuvo cerca de una hora sin intercambiar una palabra con nadie, dándole vueltas a la cabeza, intentando ordenar sus pensamientos.

Galán, al verlo entrar de nuevo al despacho, le dirigió una mirada de las suyas.

—Acabo de hablar con tu exmujer. Me ha pasado las últimas llamadas de Lavargas. Muy eficaces estos del CNI.

Purroy se sentó en su sillón giratorio y empezó a teclear algo en su ordenador.

—No te preocupes —añadió Galán—, no hemos tocado tu espinoso asunto. Bueno, algo... por encima, tú me entiendes.

Purroy estaba a punto de estallar, su compañero observó en su rostro tenso que ese día no iba a encajar ninguna broma, se estaba acercando demasiado al límite de lo tácitamente pactado desde que trabajaban juntos. Con buen criterio, el inspector cambió de tema, le pasó a Sergio un listado de llamadas recibidas y emitidas en las últimas cuarenta y ocho horas desde el móvil de Lavargas. La víctima apenas había realizado tres llamadas, y su teléfono sólo sonó un par de veces en ese periodo de tiempo. Por la premura de su investigación, así como por la forma de conseguir los números, no sabían quiénes estaban detrás de ellos. La única forma de averiguarlo era a la antigua usanza, es decir, llamando ellos mismos. La pareja dudaba si identificarse directamente como policías o sonsacar la información haciéndose pasar por otros. Optaron por decidir sobre la marcha, según el tono del interlocutor y demás factores aleatorios.

Nadie cogió el teléfono, salvo el único número fijo que había realizado la última llamada, y eso a medias, pues salió el contestador automático. Un tipo que se identificaba como Víctor H. del Castillo, escritor profesional, pedía en su escueta grabación de bienvenida que dejasen sus mensajes al oír la señal.

Los agentes buscaron en las páginas blancas y amarillas de Bella a Víctor H., sin resultado alguno. Galán se paseó unos minutos por el despacho chupando una boquilla de baquelita huérfana de tabaco. "Me suena de algo, me suena de algo…", repitió en voz alta varias veces. Se paró en medio del pequeño pasillo que delimitaban las dos mesas, se quitó la boquilla de sus labios y chasqueando los dedos pidió a Purroy que lo acompañase hasta un despacho adjunto que era utilizado como pequeña cafetería-comedor por la plantilla de la comisaria. Había una máquina de bebidas, otra de café y un microondas; sobre una gran mesa, un periódico local aparecía doblado y un poco grasiento. Un policía de uniforme daba cuenta de un buen bocadillo, ni se inmutó cuando entró la pareja. Galán se abalanzó sobre *El Sol de Costalifornia,* se puso sus gafitas de lectura último modelo y comenzó a ojear, al igual que solía hacer a diario, los anuncios breves. De inmediato, señaló con un dedo la sección *OTROS,* que empezaba después de la de *RELAX,* y en la que tan sólo aparecía el texto: "Escritor profesional. Biografías y trabajos afines. Contacte sin compromiso". El número de teléfono coincidía con la última llamada a la víctima unas ocho horas después de muerta.

XI

Asís miró de soslayo a un pretendiente que nos rondaba desde hacía unos meses y que él personalmente había vetado. El hombre no se daba por vencido; de hecho, solía sentarse cerca de nuestra mesa para ver si caía el plácet que le permitiese estar entre *los elegidos*. Acababa de tomar asiento a nuestra derecha, a unos diez metros, y me dirigió un leve saludo con su cabeza que fue correspondido por mi parte.

—¡Qué pesado! —Asís, en cuanto vio mi gesto de cortesía, me habló al oído, sin por ello bajar demasiado su tono de voz.

—Hombre, yo creo que ya es hora de que le levante el veto. Escribir novela histórica tampoco es un delito de lesa majestad —le dije yo casi susurrando.

—Víctor, Víctor... No solo escribe novelas históricas malas y aburridas, sino que encima gana premios y vende libros. ¡Es un escándalo!

—Asís, baje el tono, por Dios. A ver si ahora vamos a tener que fusilar a los triunfadores —le repliqué.

—Su última novela, esa historia de amor en Tartessos, debería figurar en los manuales de estilo, en la parte de poco estilo, claro. Y antes fue una del mundo celta, y su primer *bestseller* una de visigodos. ¡Cuando llegue a Alfonso XIII este tío habrá escrito más que Galdós! ¡Nos hemos vuelto locos! Ése no entra en nuestro grupo ni ganando el Cervantes. ¡Que se joda!

Por suerte, Moyano se sentó en nuestra mesa. Asís sentía una fobia desmedida por el novelista histórico, el único de la ciudad que no soportaba, y aun disfrazando su rencor de connotaciones literarias, lo cierto es que al parecer lo suyo venía de antiguo y era personal, según me comentó en cierta ocasión el recién llegado. La presencia de Moyano, que también saludó en la lejanía al vetado, podría desviar nuestra atención del triunfador solitario, pensé yo ingenuamente.

Nuestro nuevo acompañante escribía obituarios, era enseñante de Historia en un instituto, realizaba un programa de entrevistas en la televisión local y retransmitía la Semana Santa de la ciudad. Ser hijo de Bella —como se definían fanáticamente los oriundos del lugar para diferenciarse bien del resto de la grey venida de otros lares— permitía moverse con soltura a Moyano entre dos mundos a veces contrapuestos: el paisanaje oriundo y el pequeño gremio de creadores-artistas de procedencia dispar. De todas sus facetas, yo admiraba la de obituarista, tanto que alguna vez, medio en broma medio en serio, le había pedido que me escribiera mi breve biografía póstuma en vida.

—Asís, te conozco, sabes que tengo algo de brujo, deja de despotricar de quien ya sabes —Moyano sacó a relucir sus desconocidas artes adivinatorias, pero lo más probable es que hubiese escuchado algo de nuestro diálogo—. Tu "amigo" me comentó el otro día si yo podía echarle un vistazo y corregir una trilogía de Egipto que ya medio tiene terminada, supongo que para congraciarse aún más conmigo. No veas la ilusión que me hizo, botes de alegría pegué… con lo liadísimo que estoy. Y yo, imbécil de mí, a esos compromisos nunca sé decir que no — el futuro corrector resopló al terminar su confesión.

— ¡Una trilogía de Egipto! ¡Una trilogía de Egipto! —Asís de nuevo se alteró—. Ese hombre no está en sus cabales. ¿Cuándo come, cuándo bebe, cuándo folla? Salvo venir aquí para importunarnos o importunarme, el resto del día se lo pasará escribiendo, no hay otra explicación. A este paso va rellenar él solito una biblioteca. Menos mal que calidad y cantidad son conceptos que suelen ir reñidos. ¡Madre mía!

Asís y Moyano se acercaban a los sesenta, si es que ya no los tenían. Mientras que el archivero era inclasificable, el profesor de Historia era previsible. Solía Ovidio Moyano darle poca importancia a su aspecto exterior, con un desaliño en el vestir que sumado a su aire de despistado conformaban un personaje peculiar. Ahora bien, nadie le podía discutir que era hombre curioso en el saber, didáctico a más no poder y fino observador de cuanto le rodeaba, aunque aparentase otra cosa.

Cuando le servían el café a Moyano llegó otro de *los elegidos*. Andrés era maestro, historiador, librero, editor y *gourmet*. Un agitador cultural en toda regla al que Bella se le quedaba pequeña. Y uno de esos tipos multifacético y extrovertido con los que es difícil aburrirse.

Les pregunté a mis acompañantes a cuenta de qué estábamos a esa extraña hora reunidos, normalmente quedábamos más entrada la tarde, no a la hora del almuerzo. Los tres permanecieron en silencio unos segundos: Moyano casi se atragantó con el café que en ese momento bebía, Andrés enarcó las cejas a la par que se atusaba su bigote de galán mexicano de telenovela, y Asís miró al techo del local como si estuviese implorando paciencia al Divino.

—Víctor, tengo la impresión de que usted no ha hecho los deberes —Asís, váyase a saber por qué, nunca me tuteaba. Amén de que solía ser condescendiente con mis muchos olvidos, porque en el ranking de despistados yo creo que ganaba a Moyano.

—Pues no caigo —dije yo mientras intentaba acordarme de lo que fuera menester.

—El premio, Víctor, el premio... Hoy tenemos que decidir quién gana el primer Premio de novela corta Nicanor Montesinos, patrocinado por el Café Guermantes, o sea, por doña Ana —a Andrés le desesperaba perder el tiempo, tenía tantas y variadas ocupaciones y aficiones que soltó la explicación en forma de reprimenda.

¿Cómo me había podido olvidar de una cita acordada por mí? Imperdonable. Más aún si tenemos en cuenta que fui yo quien le dio forma a la idea que un día nos había expuesto doña Ana. Los de la tertulia parecían poco dispuestos a gastar energías en semejante aventura, sólo los convencí a cambio de encargarme de organizar el grueso del trabajo. Elaboré las bases, publicité el certamen, elegí los tres finalistas entre más de veinte novelas, afortunadamente cortas, y se las pasé a mis compañeros para elegir al ganador. Habíamos quedado ese mediodía para discutir sobre ello, por desgracia no tener agenda ni reloj a veces conllevaba este tipo de fallos.

—Gastaba una broma —solté a ver si colaba.

—¿Broma? Víctor, que aquí nos conocemos todos. Bueno, lo importante es ir al grano —Andrés con prisas no era un buen compañero de mesa.

Faltaban algunos miembros del jurado, dimos por supuesto que llegarían más tarde. A cambio, quien irrumpió inesperadamente en nuestras deliberaciones fue una pareja de policías. Mostraron sus placas preguntando por Víctor H. del Castillo. Mis colegas me miraron sorprendidos, salvo Asís, que se levantó como un resorte y se abalanzó sobre el policía más entrado en años.

XII

La llamada del escritor profesional había sido hecha sobre las once y media de la mañana. A las dos de la tarde Galán y Purroy aporreaban la puerta de un despacho situado encima del Costalifornia, cafetería a la que ellos acudían con frecuencia. No había nadie dentro. Purroy propuso abrir la endeble puerta forzando el pestillo con una tarjeta de plástico. El inspector no accedió, ese allanamiento podría traer consecuencias indeseables. Purroy alegó que no podían esperar a que llegase Víctor H. del Castillo —Escritor—, como rezaba en una pequeña placa latonada fijada a un lado de la jamba, en la que debajo del nombre, a modo de lema de la casa, figuraba una cita latina con su correspondiente traducción: *Verba volant, scripta mament* (Las palabras vuelan, lo escrito queda). El apremio de tiempo hizo que Galán propusiese dejar en paz la oficina, él conocía un sitio donde se reunían los escritores locales. Si no estaba allí el tal Víctor H., ya habría algún colega que les daría norte de su paradero.

Galán, fiel a su secretismo, no dijo adónde se dirigían. Dejaron el coche aparcado frente al Costalifornia, preferían ir andando hasta el centro de Bella. En menos de cinco minutos ya enfilaban la Alameda. Ese parque de árboles centenarios lucía una desbordante paleta de colores amarillentos y ocres, los plataneros mudaban sus hojas ot tapizando el suelo de un manto vegetal que unos cuantos operarios municipales se afanaban por limpiar en una tarea perdida de antemano. Purroy solía pasear la tristeza que lo embargaba en estos últimos meses por ese jardín, lo conocía bien. Le gustaba pasar allí sus horas ociosas, el mundo se detenía mientras él contemplaba desde un banco decorado con azulejos las idas y venidas de las parejas de enamorados, el paseo de ese anciano encorvado que con un bastón procuraba aferrarse en cada paso a la poca vida que le quedaba, o las voces de sus hijos u otros niños empeñados en ver un juguete detrás de cada estatua o fuente. Era su particular edén, un privilegiado observatorio vital que le permitía evadirse de cuanto le apesadumbraba.

En un extremo de la Alameda se alzaba el Guermantes. Galán se detuvo frente a la fachada, Purroy por fin supo cuál era el lugar de reunión de los escritores locales. Tendría que haberlo supuesto, el pequeño edificio de un par de plantas de estilo haussmaniano no pasaba desapercibido, era diferente por completo al resto de la arquitectura de la ciudad. Y el café que ocupaba su planta baja era una invitación a dejarse cautivar por sus encantos o a huir directamente de tan recargado local, mitad *brasserie* mitad casino español de toda la vida. Purroy nunca había estado dentro, pese a haber pasado mil veces por su puerta, no le atraía ni su decoración ni la gente que lo frecuentaba, al menos la gente que tomaba algo en la terraza, demasiado snob para su gusto. Su jefe, pensó su compañero, sí que daba el tipo de los asiduos al establecimiento.

A esa hora escaseaba la clientela en el negocio. Los policías se acercaron a la barra y sin identificarse preguntaron a un camarero con camisa blanca y pajarita si conocía a un escritor llamado Víctor H. del Castillo. El empleado dejó de secar vasos con la bayeta, miró de arriba abajo a la pareja y con un gesto displicente de la cabeza señaló el fondo de la sala acompañando su indicación con una lacónica frase: *"Los elegidos* están en su mesa de siempre". *"Los elegidos"* fue pronunciado con retintín.

Los policías examinaron en la distancia el lugar señalado, allí sólo había dos mesas ocupadas. En una de ellas, un solo cliente de aspecto hierático miraba el ajetreo de la calle a través de un enorme ventanal. Unas cuantas mesas más allá, bajo un cuadro y una foto, cuatro sujetos diríase que estaban enzarzados en una discusión.

Con paso seguro Galán se dirigió hacia ellos, Purroy lo seguía. Mostró su placa y preguntó si alguno de los presentes era Víctor H. del Castillo. Antes de terminar la frase, uno de los individuos se levantó de golpe y con los brazos abiertos se abalanzó sobre el inspector. "¡Dame un abrazo, Galán, cuánto tiempo!", dijo un señor bajito con barba de varios días. Purroy estuvo a punto de sentarlo de un golpe cuando saltó como un muelle de su silla. Galán se sorprendió un segundo, lo necesario para ponerse en guardia, que enseguida bajó cuando reconoció al amigo de otros tiempos, tan cambiado que le costó recordarlo. Una sonrisa se apoderó de su rostro.

—Puñetero Asís. No sé nada de ti hace siglos. ¡Venga ese abrazo!

Los viejos amigos permanecieron uno frente a otro con los brazos extendidos y las manos en los hombros del otro. Se intercambiaron piropos, algunas ironías y risas estruendosas. El resto de la concurrencia asistía a la escena con cara de sorpresa. Después de ese minuto de alegría entre dos amigos que se reencuentran, Asís procedió a dar una explicación a *los elegidos*. Al parecer, hacía años —ya ni se acordaba cuántos— una investigación llevó a indagar en los archivos municipales al policía. Hicieron amistad en una época en que uno estaba soltero y el otro recién salido de un divorcio. Mucha fiesta, mucha jarana, mucho ligue fácil… hasta que Asís conoció a la que sería su mujer y Galán, un poco más tarde, ennovió también con su futura segunda esposa. Se espaciaron sus encuentros hasta que dejaron de verse por completo. "Cosas que ocurren", dijo el señor bajito con acento cordobés. Y añadió ufano que estaban ante el mejor sonetista de Bella, o quizás de Costalifornia. Galán enrojeció, agradeció el elogio y comenzó a su vez una breve hagiografía del funcionario municipal.

Purroy no daba crédito a cuanto escuchaba. Sabía de la cultura de su compañero, aunque no se lo imaginaba soneteando. Mientras los amigos del alma hablaban de sus experiencias, el subinspector no perdió de vista a los otros tres componentes de la tertulia o lo que fuese. Daba la impresión de que estaban entre asombrados y temerosos. Los escudriñó descaradamente. Únicamente el del bigote le mantuvo la mirada.

Cuando se terminaron las loas mutuas, el archivero preguntó qué los traía hasta el Guermantes. Galán presentó a su compañero, tras lo cual explicó que buscaban a un escritor llamado Víctor H. del Castillo, por un asunto menor, una pequeña explicación sobre un caso que estaban investigando. Les dijo que no sabía si estaba entre ellos, pero suponía que al menos le darían información del susodicho escritor que no habían podido localizar en la única dirección que de él tenían.

Los de la mesa permanecieron callados; Asís, que seguía de pie, también. El silencio se rompió cuando el más joven de los sentados señaló al tipo con aire de alelado que estaba sentado unas cuantas mesas más allá. Los policías agradecieron la colaboración, Galán manoteó el hombro del archivero prometiéndole que haría por visitarlo en su cubículo; su amigo se limitó a asentir. Con el solitario repitieron la misma presentación que con ellos, se plantaron frente a él y le mostraron la placa.

XIII

¡Qué carajo querrían unos policías de mí!

Asís se levantó de una forma tan brusca que yo creí que los de la ley y el orden lo iban a despachar de un puñetazo, y no era para menos, nos asustó de veras, pegó un bote felino y se dirigió a la pareja con los brazos extendidos. El más joven de ellos se puso en posición de guardia: estiró una pierna hacia atrás para no ofrecer un blanco frontal, levantó un poco los brazos y cerró algo los puños. El otro agente, el más veterano, tuvo el tiempo justo de poner cara de desconcierto, hasta que recibió el abrazo y sus músculos faciales dejaron de tensarse.

Después, para colmo, tuvimos que tragarnos ese pasteleo infumable entre antiguos compadres de parranda, de un empalagoso que daba vergüenza ajena.

El amigo de Asís me resultaba familiar, su cara me sonaba. El compañero tendría mi edad, vestía de forma impersonal, como si le sirviese de vestuario estándar para trabajar en cualquier escenario posible. Se le veía musculoso, ancho de espaldas, con raya al lado en testa de campeonato y rostro cetrino muy serio, muy concentrado en su trabajo.

Andrés y Moyano miraban absortos la escena del reencuentro, pero hubo un momento en que ambos desviaron levemente su atención hacia mí, me preguntaban desde su perplejidad por qué me buscaba la policía. Yo hice un gesto de no saber nada.

El mejor sonetista de Bella, o quizás de Costalifornia —en palabras de Asís, al que yo creo que además de la emoción que le embargaba estaba a merced de los vermús que había bebido sin probar bocado—, empezó a contar anécdotas de cuando estaba abierta la discoteca Pepe Moreno o la Kiss e iban a bailar (¿Asís bailando?) y le tiraban los tejos a cuanta "bella flor" se les cruzaba por el camino. El paroxismo del reencuentro fue escuchar al archivero recitando de memoria el primer cuarteto de un soneto que su amigo presentó en unos juegos florales (!): "Espita de amor con el más fugaz/ ardiente espíritu conocido,/ que invocas al corazón partido/como regalo que nunca amarás". Asís se nos quedó mirando, pretendía, digo yo, un aplauso o algo parecido, y a mí eso ya me parecía que era transigir mucho. Moyano y Andrés, por el contrario, se mostraron condescendientes, asintieron con la cabeza palmeando un poco la mesa de mármol a modo de aprobación.

Mientras se desarrollaba la escena, mi mente no paraba de interrogarse qué querrían de mí unos policías. Hice un examen rápido de mis posibles infracciones legales en los últimos años, no eran, desde luego, como para que me buscasen unos agentes de la ley. A lo sumo, sacar la bolsa de basura a destiempo, lo que me había costado más de una amenaza de denuncia por parte de una vecina visillera; mis coqueteos con las drogas blandas ya pasaron; y tampoco me buscarían por problemas de tráfico, hacía años que no tenía ni coche. Por mucho que me exprimía el cerebro no daba con ningún motivo que justificase tener a la policía tras mis talones. Conforme atendía a la conversación entre Asís y el sonetista, e intentaba abstraerme para rebuscar en mi memoria algo de lo que se me pudiese acusar en sede judicial, se desarrolló en mí un sentimiento de miedo como hacía tiempo no tenía. Nunca me sentí tranquilo con un policía cerca, me ponía sumamente nervioso el mero hecho de verlos apostados en cualquier lugar. Era superior a mis fuerzas, no lo podía remediar. Algunos de mis íntimos, que sabían de esa fobia desmedida, bromeaban diciéndome que ya que creía en la reencarnación tal vez en otra vida fui perseguido por el brazo ejecutor de la ley. El caso es que, con reencarnación o no, unos policías venían a prenderme y yo no tenía ni la más mínima intención de dejarme arrestar. Empiezan reclamando una pequeña información y uno nunca sabe dónde puede acabar o qué le puede pasar.

Cuando el amigo del alma de Asís contó que me habían buscado en el despacho, señal inequívoca de que estaba metido en algún buen lío, no lo dudé, era necesario quitarse de en medio. Ante la pregunta del inspector de si conocíamos a Víctor H. del Castillo, sin pestañear señalé al escritor de novelas históricas. La pareja no perdió un segundo y se dirigió a su mesa, enseñaron sus placas y entablaron conversación con mi falso yo. Aproveché para levantarme, trincar de un manotazo el abrigo e intentar salir por patas del Guermantes. Mis compañeros no daban crédito a lo que estaba sucediendo, sus caras de incredulidad eran muy expresivas. Asís fue el primero en reaccionar.

—¿Víctor, está usted loco? —me dijo agarrándome el abrigo.

—¿Loco? No, muy cuerdo. No he hecho nada y esto me da muy mala espina. Yo tengo fobia, auténtica alergia a la policía —hablé deprisa, inclinándome sobre la mesa para que sólo me pudieran escuchar ellos.

Asís no soltaba el abrigo. Andrés también se levantó para hacerme un placaje, al tiempo que intentaba tranquilizarme: "Tú, definitivamente, estás perdiendo la cabeza. Tarde o temprano te encontrarán, ¿o acaso te vas a ir de polizón a Brasil? Cálmate, muchacho". Moyano, que aún no había asimilado mi reacción, se apresuró a añadir: "Diremos que ha sido una broma, de mal gusto, pero una broma. Mejor un pequeño enfado que no una huída que te metería en un buen problema", acertó a decirme al oído don Ponderación. Me tenían agarrado, en todos los sentidos, y encima el factor sorpresa se esfumaba. El escritor de *bestsellers* históricos se acercó a nuestra mesa con los policías. Mis compañeros aflojaron el agarre. De pronto, ese hombre que parecía siempre en otro mundo pensando en argumentos para sus novelas, se transformó en alguien con un genio de mil demonios. Se plantó frente a nosotros y comenzó a vociferar con el dedo índice extendido: "¡Son... son ustedes unos HI-JOS-DE-PU-TA! ¡Malnacidos! ¡Y tú el primero!". Se refería a Asís, a quien señalaba con su dedo acusador. "A ti te archivaría yo en la letra 'S' de sinvergüenza", le gritó a la cara a nuestro archivero, al que encima tuteaba. Éste se quedó paralizado ante el ataque que no cesaba. No esperaba la furia desatada de su archienemigo, ni que se aprovechase de una confusa situación que precisamente él estaba intentando solucionar y no había provocado. No se demoró Asís en reivindicar su inocencia y, de paso, para pasmo de los presentes, desquitarse de tantos años de odio y rencor. Ágil y certero para un hombre de su edad y de declaradas ideas pacifistas, le encajó al enloquecido escritor de éxito un croché de izquierda en plena barbilla que lo mandó al suelo en un visto y no visto. Ahora era yo, mis compañeros y hasta los policías quienes agarrábamos al bueno de Asís, que desencajado parecía con ganas de pisar la cabeza al noqueado, sin parar, eso sí, de soltarle improperios.

El policía-sonetista se echó en el hombro al agredido para llevarlo hasta la otra punta del café y dejarlo asistido por su pareja, que llamaba a una ambulancia. Después se acercó hasta nuestra mesa para espetarle a Asís, aún sujetado por nosotros, un "no has cambiado, amigo".

XIV

El solitario escritor se quedó pasmado al ver las placas y exponer la autoridad que lo traía hasta él. Los policías repitieron que lo buscaban en el marco de una investigación por la muerte de Guadalupe Lavargas, oficialmente no se le acusaba de nada, sólo querían saber cuál era su relación con la difunta.

El alelado dejó sobre la mesa un bolígrafo con el que garabateaba en una pequeña libreta. Sin salir de su asombro, exigió de nuevo que le aclarasen por qué lo buscaban. Al término de la nueva explicación preguntó a quién buscaban. Cuando escuchó el nombre de Víctor H. del Castillo su cara empezó a enrojecerse. Los agentes de la ley hartos de tanta introducción y pensando que los estaba intentando confundir al afirmar que él no era Víctor H., le dijeron que los de la otra mesa lo habían señalado inequívocamente a él. En ese momento, su rostro adquirió una rubicundez que fue en aumento conforme sacaba su DNI y repetía poseído: "Amadeo, Amadeo Cienfuegos". Ya de pie, se dirigió a los de la tertulia vecina. A los policías casi no les dio tiempo a seguirlo. Señalando con su índice al amigo de Galán, empezó a insultarle a viva voz. Daba la impresión de que le tenía ganas. El tal Asís, que estaba sujetando el abrigo del que mintió, aguantó estoicamente el chaparrón unos diez segundos. Purroy intentó poner paz con un "vale ya, señores", tras lo cual vino una reacción que nadie preveía. Con una clase digna de un campeón de pesos ligeros mexicanos jugándose una bolsa de un millón de dólares en Las Vegas, Asís sacó un croché de izquierdas que tocó en eso que los expertos en boxeo llaman la perilla, o sea, la punta del mentón del oponente. Fue rapidísima la ejecución del movimiento, un golpe coordinado y cargado de clase impropio de un amateur. Amadeo Cienfuegos dobló la cabeza con inclinación hacia arriba y se derrumbó en el suelo como si fuese un saco de patatas. Un K.O. de campeonato, inapelable, digno de ser mostrado en vídeo en las mejores escuelas de boxeo. El indignado solitario yacía tirado sobre el frío mármol del café acompañando a Morfeo. No contento con su proeza, el señor bajito con acento cordobés, que se le delataba aún más cuando insultaba, se empeñó entre lisura y lisura en querer pisar la cabeza del yaciente. Por suerte, se interpusieron sus amigos y Purroy. Galán se echó en el hombro al inerte saco de patatas, anduvo unos cuantos pasos hasta depositarlo con cuidado sobre un extraño diván decorativo que en un lateral de la sala hacía compañía a un par de fotos de Freud y Lacan colgadas en la pared. El inspector cogió un vaso de agua de una mesa vecina y arrojó el líquido elemento apuntando a la cabeza del golpeado. Amadeo Cienfuegos reaccionó conforme a la norma: "¿Dónde estoy?", dijo aturdido. "¿Cuántos dedos ve en mi mano?", lo interrogó el inspector. El novelista de éxito, con su hablar un tanto vacilante, acertó a la primera. "Quédese aquí sin moverse", le ordenó Galán.

"No has cambiado, amigo", en tono serio el inspector recriminó a Asís. "Ahora, sin más gilipolleces, me vais a decir qué coño pasa aquí". El inspector habló de una forma que invitaba a delatar a quien fuese menester, una tontería más y todos al calabozo, pensaron los de la tertulia.

Víctor H. del Castillo se excusó. Les dijo a los agentes del orden que había sido una broma, de mal gusto, pero broma. No soportaban al que ahora estaba en el diván entre ayes que retumbaban en la sala. Una pequeña venganza que no tendría que haber ido a más. Sentía lo sucedido, no estaba en el guion. Y se ofrecía humildemente para ayudarles en lo que quisiesen.

Galán y Purroy lo asieron por las axilas, uno a cada lado, y casi en volandas lo llevaron fuera del Guermantes. Les dieron la espalda a los de la tertulia sin decir una palabra.

XV

Con desmedida fuerza, los policías me sacaron del café, no creo que hubiesen encajado demasiado bien lo sucedido. Me llevaron hasta un apartado banco de la Alameda del que quitaron a fuerza de placa y dos voces a unos niñatos que bebían una litrona y se fumaban un oloroso porro de maría.

La cosa —futuro martirio, suplicio o tortura— comenzó con ellos de pie frente a mí, y yo sentado en posición de interrogatorio. El amigo de Asís dejó claro en su exordio que no estaba para más bromitas. Yo asentí. Después me explicó por qué querían interrogarme. Fue muy doloroso escuchar que Lupita Lavargas había aparecido muerta. Tras contarme eso, no presté atención a su perorata. Me sumí en un único pensamiento, la recordaba en su última visita cuando estuvimos a punto de pegarnos un revolcón. Ella dominaba a la perfección todas las artes necesarias para convertir a un hombre en un pelele en sus manos, y era además muy consciente de ello. Me había tanteado en las primeras sesiones, yo creía que sería una presa fácil; sin embargo, cuando me llegó el turno de proponer algo, ella se cerró, incluso se ofendió; lo nuestro era trabajo, no había que mezclarlo con lo otro, me llegó a decir. El último día que nos vimos, cuando ya terminó de contarme su paso por los mejores prostíbulos de California para pagar sus fracasados estudios universitarios, y se disponía a despedirse, se acercó a mi sillón para pasarme su lasciva lengua por mis labios, mientras su mano se deslizaba hábilmente hasta mi entrepierna. Fue un instante, yo quise que aquello fuera a más y sólo encontré su rechazo, con esa dulzura que brotaba en ella de una manera innata, igual que la dureza con la que te podía tratar, pues en el fondo eran las dos caras de una misma moneda. Sin comprender su negativa, me deslizó un "hey güey, no me embista. Hágame una novelita linda y tendrá su premio". Hija de mala madre, hubiese sido capaz de estar sin comer y sin beber una semana con tal de que tuviese su novelita linda lo antes posible.

De pronto, mi ensoñación se interrumpió, sentí un manotazo en el hombro. "¿Me está entendiendo o no?, ¿qué coño le pasa?", me preguntó el inspector con muy mala leche. "No, no le entiendo, es más, me importa un carajo su interrogatorio. Lo que me importa ahora es acordarme de esa diosa que pasó por mi vida como un suspiro". Los policías se quedaron petrificados, no comprendían ni esperaban mi emotiva reacción. Mi cara debió conmoverlos, era pura desolación. El más cabezón y silencioso me pasó un pañuelo de papel con el que me soné la nariz. Comenzaron de nuevo a preguntarme con un cambio de actitud, comprendieron que esa chica significaba algo para mí.

Les expliqué cuanto sabía de ella, salvo los pocos detalles más íntimos de la parte sentimental de nuestra relación. Me pidieron ver las anotaciones que había tomado de Lupita. Yo me negué, alegando que ya bastante había violado mi pequeño y particular código deontológico, aquello que me contaban mis clientes era en teoría confidencial, y tampoco mis apuntes iban a aportar mucho más a lo ya expuesto. Al terminar mi respuesta, el inspector sacó una boquilla de baquelita y se la puso en sus labios, parecía calmarle ese gesto. Ahí caí en la cuenta de que era el tipo que se sentaba por las mañanas en el Costalifornia, el que se pasaba una hora leyendo el periódico, como el parado de chándal.

—Yo a usted le conozco, es el del periódico del Costalifornia —le dije como si hubiera descubierto un tesoro.

—Escribiendo se podrá ganar la vida, pero de fisonomista se moriría de hambre. Yo lo reconocí nada más verlo, aunque me hizo dudar su impostura.

Los tres nos quedamos pensativos. Yo, por lo que había pasado, e imagino que los policías porque planeaban su siguiente paso en la investigación.

—Vamos a tomarle los datos de su carné, nos va a dar un móvil y procure estar localizable en las próximas veinticuatro horas —me dijo el policía-sonetista.

Se despidieron de mí con mucha educación, el más joven me dio una palmadita en la espalda acompañada de un "lo siento". Me dejaron en el banco del parque de la Alameda sin saber qué hacer. Los observé en la distancia, cruzaron la avenida en dirección al centro histórico. No parecía que hablasen entre ellos mientras caminaban; de espaldas, sus andares se asemejaban, ofrecían la imagen de una pareja bien avenida que transmitía mucha seguridad en su trabajo. Cada uno conocía bien su papel. Intuía que volvería a verlos en breve.

XVI

Galán adoraba pasear por el casco antiguo de Bella. Por eso, para coger el coche aparcado frente al Costalifornia no tomó el camino más directo, prefirió madurar sus pensamientos entre las estrechas callejuelas que desembocaban en la plaza del Ayuntamiento; Purroy lo seguía cual fiel lugarteniente. Ese día, además de los turistas y tenderos asomados a sus negocios en busca de clientes, había un imponente despliegue policial. Eran unidades antidisturbios de la capital apoyadas por la policía local. La pareja preguntó a uno de los uniformados qué ocurría. Les comentaron que se estaba desarrollando en el Ayuntamiento una moción de censura contra el alcalde. Un corrupto que habría de ser sustituido por otra corrupta. Los corruptos se habían peleado entre ellos, se habían formado dos bandos, y los concejales que les faltaban a los de la moción los compraron entre los miembros de la oposición, los cuales se rumoreaba habían recibido un buen pellizco de las sabrosas comisiones urbanísticas que convirtieron en multimillonarios a quienes controlaban la concesión de los permisos de construcción que estaban llenando de hormigón hasta el último centímetro cuadrado de terreno del término municipal. Bella era el paradigma del *boom* inmobiliario de esos años. Recalificar una parcela untando a unos y a otros era el negocio del siglo. Ya nadie se extrañaba de semejante latrocinio, la gente de una forma u otra estaba ganando dinero, aunque fuesen las migajas de aquel robo a gran escala, lo que explicaba la sorprendente permisividad de una gran parte de la sociedad. Los políticos que regían los destinos de la ciudad no surgían de la nada, no, los votaba el pueblo que cada cuatro años les daba mayoría tras mayoría.

    Los policías hablaban a menudo de ese asunto, pero ese día, abstraídos por la investigación de la muerte de Lavargas, habían olvidado por completo el acontecimiento que llevaba semanas ocupando las portadas de la prensa. Al pasar por la plaza de los Naranjos, allí donde los árboles invaden el espacio acotado por los arrayanes que conforman un idílico jardín, se encontraron con dos grupos de ciudadanos que apoyaban a unos corruptos u otros, a los que iban a dejar el poder y a los que iban a ocuparlo. Estaban separados por los antidisturbios. Purroy y Galán conocían a muchos de ellos. Sabían quiénes esperaban prebendas de los recién llegados y quiénes iban a perder sus opciones de seguir medrando en su provecho; angustioso trance que hacía del grupo de apoyo de los salientes el más vocinglero.

"Esto resulta patético", le dijo Purroy a su compañero cuando ya enfilaban la salida del casco antiguo por una callejuela detrás del Ayuntamiento. "Cosas veredes, amigo Sancho, que farán hablar las piedras", sentenció Galán.

Al llegar donde estaba el cabrio estacionado, Sergio preguntó a su compañero por qué no habían llevado a la comisaría al negro profesional. "Todo llegará, todo llegará...", dijo el interrogado, tan flemático y pedante como siempre.

XVII

Me sacaron de mi aturdimiento los niñatos de la litrona y el porro. Sin los policías, yo aparentaba ser una víctima fácil de esos futuros —si es que ya no lo eran— delincuentes juveniles o cobradores de por vida de ayudas sociales. Me imaginé como un animalito de la sabana recién nacido, que sin la manada y la protección de su madre es atrapado por los depredadores más fuertes, en un proceso de selección natural donde irremediablemente gana el más fuerte. Puro darwinismo.

—Nos gusta este banco —me dijeron los suscriptores del club del alcohol y la marihuana.

—Pues a mí no. Os lo cedo gustoso para que continuéis vuestra particular bajada a los infiernos. Después vendrán los subsidios, el por qué yo, las colas en organismos públicos, familias desestructuradas, y ese montón de jodidas mierdas que os pasa factura a la gente de vuestra ralea —les solté de forma acelerada con cara de pocos amigos. Pagaba con ellos el mal humor que en ese momento me invadía.

—¿Se está cachondeando de nosotros? —me preguntó incrédulamente uno de los inadaptados sociales, con un tono que ya rozaba la amenaza.

—Nada más lejos de mi intención —repuse yo.

El diálogo se tensó, lo justo para que yo me fuese sin ningún problema hasta mi cenáculo del Guermantes. Los futuros parados de larga duración se quedaron pensativos, los dejé sopesando el valor de mis palabras, que en condiciones normales ya les costaría asimilar, pero que con un morado de maría y cerveza no atinaban a comprender, aunque se olían que, efectivamente, me había cachondeado de ellos.

Me planté frente a *los elegidos*. Andrés me dirigió una mirada inquisitiva de las suyas. Moyano me sonrió. Y Asís le daba vueltas a un vaso de cristal que contenía una infusión (¿tila?).

—Te hacía en dependencias policiales —me soltó Andrés—. Te

lo hubieses merecido, una lección que no olvidarías por ser un cantamañanas.

—No estuviste bien, no estuviste bien… —repetía como en letanía Moyano.

El que estaba ensimismado en sus pensamientos era Asís. No levantaba la vista de la mesa.

Les conté mi conversación con los policías, sin obviar ni un detalle. Alguna vez les había hablado de Lupita Lavargas, comprendieron que fue un duro golpe para mí e intentaron consolarme con las consabidas frases al uso para estos casos.

Pensé que debíamos centrarnos en el certamen de novela corta, que era en definitiva lo que nos había traído hasta allí —a mí de casualidad—, y así intentar olvidar a los policías, el novelista histórico (¿dónde se habría metido?), la pelea, y esa extraña serie de acontecimientos que nos había desbordado en la última hora.

Asís seguía sin reaccionar. Ante mi propuesta de retomar la elección del ganador del premio ni pestañeó. Se hizo un incómodo silencio entre nosotros hasta que el archivero comenzó una confesión demasiado tiempo aplazada: "Amadeo, Amadeo Cienfuegos… Ustedes siempre han querido saber por qué éramos enemigos irreconciliables. Hoy, entiendo, es el día en que debo contarles esa pequeña y ridícula historia de enemistad que ejemplifica hasta dónde puede llegar el absurdo de un rencor que destruye una relación casi fraternal. Antes de venir a Bella coincidí con Amadeo en la capital, ambos estábamos en una academia para prepararnos las oposiciones a profesor de Instituto. Hicimos buenas migas, nos sacamos la plaza y con mucha suerte uno de nuestros primeros destinos fue mi pueblo. Resulta que ya entonces era un grafómano con varios libros sin editar; sin embargo, por esas fechas publicó su primera novela. Para mi sorpresa, yo era uno de los protagonistas. El retrato que me hacía no es que fuese precisamente halagüeño, más bien lo contrario, y para colmo me mataba al final del libro o, para ser más exacto, describía mi suicidio. Oigan, yo no sé cuántos ejemplares se vendieron de su obra; pero yo caminaba por el pueblo y la gente, y no es broma, me paraba para preguntarme por mi suicidio, algunos, muchos, creyeron que había muerto. Por no hablar de los múltiples vicios que me atribuía. Si para mis paisanos fue verosímil lo de mi muerte, imagino que aún hoy seguirán creyendo que le daba a la sodomía, las drogas blandas y duras, cierta pedofilia encubierta y un sinfín más de degeneraciones difíciles de describir. Aquello me pareció muy fuerte, tanto como para exigirle explicaciones. El sinvergüenza me soltó que la ficción tiene esos inconvenientes, y que el día que yo me muriese sería recordado entre mis paisanos por ser el protagonista de esa novela cuyo argumento transcurría en el pueblo, nadie se pararía a pensar en pequeñas disquisiciones sobre vicios o muertes inventadas. Y me lo dijo con toda la cara del mundo. No saben ustedes la de malentendidos que yo he tenido a cuenta de su dichosa novelita. Así que desde entonces se la tengo jurada. Me vine a Bella huyendo de los estudiantes y el ambiente del pueblo y para mi desgracia el miserable de Cienfuegos también recaló aquí a los pocos años. Hoy es como si me hubiese quitado un peso de encima".

—Asís, yo leí ese libro hace la tira. Nunca te quise comentar nada porque nombrarte a tu enemigo te ponía malo —dijo Andrés.

—A mí me lo pasó Andrés —llegaba el turno de Moyano—. Una novela social de escasa calidad, sin ninguna gracia. Fue listo cuando se pasó al género histórico.

—Ser novelista o amigo de novelista tiene eso que ahora llaman efectos colaterales. —Asís se estaba animando—.Tiene uno que andar con tiento para que no le roben una idea, una frase o un pensamiento. Para que no te utilicen de personaje en cualquier novelilla del tres al cuarto y digan de ti lo que sea. Por ello levanto mi vaso por ustedes para citar con delectación a nuestro divino Proust, protector de esta tertulia literaria —señaló el cuadro— y que vela por nuestra integridad intelectual: "Lo que une a las personas no es la identidad del pensamiento, sino la consanguinidad del espíritu".

Levantamos la copa, el vaso y la taza para brindar por Asís, por Proust y los literatos; malvados o no, nada es inocuo en esta vida, y lo que te gusta a veces te ataca para demostrarte que las pasiones también hieren.

XVIII

Para Galán el almuerzo era sagrado. De la comisaría salieron sobre las cuatro de la tarde para echar un último vistazo a la escena del crimen. Pararon en un restaurante de carretera que les pillaba de paso. La Venta Los Pacos estaba terminando su turno del almuerzo, sólo quedaban los últimos currantes rezagados que por ocho euros comían tres platos, vino o refresco y café. Los policías comieron casi sin dirigirse la palabra, necesitaban desconectar un poco.

No descubrieron nada novedoso en el lugar donde Lupita Lavargas apareció muerta. Como consuelo, al menos disfrutaron desde ese fantástico mirador de una nueva contemplación de Bella mientras la luz de la tarde se ufanaba por resaltar su belleza. El contorno de la costa africana se vislumbraba en el horizonte, las torres de Hércules se erguían lejanas haciendo gala de su *Non Plus Ultra*, y la costa con sus aleatorias curvas delimitaba un mar de azul oscuro que era el gran fondo de un cuadro compacto, perfecto en su armonía.

Pese a que se suponía que el sonetista era el poseedor del alma poética en la pareja, fue Purroy quien tuvo que ser sacado de su ensimismamiento visual con un leve codazo por parte de su compañero. Para completar la investigación era necesario visitar el Notorius. Se plantaron frente a la puerta del negocio donde un cartel diminuto informaba del horario. Faltaba una hora y media para su apertura; no obstante, había varios vehículos aparcados en la puerta que delataban movimientos en su interior. Llamaron al timbre y nadie respondió. Un coche aparcó unos metros adelante. Se bajó un tipo con camisa extravagante; mientras cerraba la puerta, observó con descaro a los policías. Al llegar a la puerta principal los saludó y, cómo no, intercambió algunas palabras con Galán que daban a entender que se conocían. Era el pianista del Notorius, les comentó que llegaba tan temprano porque había quedado con el afinador. El inspector le explicó someramente qué los traía hasta allí. El músico ya sabía lo de Lupita, era otro que andaba apenado, todavía no se lo creía, "una mujer de verdad" atinó a decir antes de sonarse la nariz para descongestionar el lagrimal. Le explicó a Galán que él creía que Roque Barrachina, el Gordo Barrachina, dueño del local, estaba declarando ante el juez o la policía. Nadie en el negocio podía decir si ese día iban a abrir, los empleados se telefoneaban entre ellos buscando una respuesta que no llegaba. El de la camisa floreada con bigote recortado se ofreció a franquearles el paso al club por la puerta de servicio, advirtiéndoles de que eso podía pasarle factura; eufemísticamente afirmó que su jefe no era persona de trato fácil. "Le debo una desde hace tiempo, inspector, llegó el día de pagársela", Galán asintió sonriente; lo tacharía de su agenda mental: favor hecho, favor devuelto. Trabajar a la antigua, un hoy por ti mañana por mí, junto con la madre de todas las virtudes, la paciencia, siempre daba sus frutos, pensó el policía henchido en su orgullo profesional.

Purroy llamó a la comisaría para preguntar por la situación de Barrachina. Colgó su móvil y apremió al pianista para entrar por la puerta trasera, la de servicio. Sergio tranquilizó al músico: "tu jefe ya debe de estar aquí o a punto de llegar, hace una hora que lo soltaron". Un pequeño portón se abrió cuando el músico se identificó por el interfono.

No era un local de alterne al uso. Se notaba la mano de un excelente decorador con buen gusto y un montón de pasta a su disposición. El rojo, rojo sensual-sexual, el rojo del pecado, el rojo del deseo en sus más variados tonos predominaba en la sala principal, donde un puñado de mesas bajas rodeadas de sillones en apariencia muy cómodos delimitaban una pista de baile. La barra rematada en cuero y con adornos dorados era amplia. De fondo, anaqueles de cristal iluminados con luz íntima exhibían cientos de botellas. Había un ala lateral que debía de ser la zona más tranquila, allí estaba el piano sobre una pequeña tarima, dispuesto a amenizar con dulzura a los que buscaban en los mullidos sofás una experiencia tal vez más romántica, aunque seguro que con el mismo desenlace.

El pianista les pidió que se sentaran, servicialmente ofreció una copa a los policías, algo que declinaron. Les informó que subiría a las oficinas a ver si alguien podía hablar con ellos. Los agentes agradecieron su interés. El ruido de una aspiradora manejada por una chica de la limpieza acompañaba la espera.

—Tú, que conoces a media ciudad, imagino que también conocerás al dueño de esto —preguntó Purroy.

—Sí, de oídas —dijo el interrogado Galán.

Un gordo, enorme y voluminoso, se bamboleó hasta la mesa donde los agentes esperaban.

—No sé qué más quieren de mí. Ya les he dicho a sus colegas cuanto sabía —el obeso no se presentó, habló con rudeza y permaneció de pie frente a ellos.

—Pues yo quiero que nos cuente lo mismo. Es una nueva forma de trabajar de la policía. El fiscal y el juez preguntan, un equipo de agentes pregunta, y un segundo equipo se cerciora de todo lo anterior. Es como cuando uno va al médico para pedir una segunda opinión. Las nuevas técnicas de investigación son así de puñeteras —Galán se explicó con claridad y con un punto chulesco con intención de amedrentar a su interlocutor.

—Me está tomando el pelo —dijo el tal Barrachina desafiante.

Galán negó con la cabeza. Le explicó que, si colaboraba, en diez-quince minutos se marcharían; en caso contrario, las molestias no compensarían el silencio.

El Gordo ponderó unos segundos la oferta, en su balanza mental pesó más quitarse pronto el engorro de tratar con unos policías insignificantes que plantarles cara. Se sentó, o más bien se despanzurró en un sillón. Comenzó a desgranar de mala gana lo que ya había contado durante la mañana. La chica había terminado su trabajo a las cuatro de la madrugada, con el acostumbrado éxito, después se marchó como el resto de empleadas de la casa. No sucedió nada fuera de lo normal, salvo que se la encontraron muerta cerca del Notorius tres horas más tarde. No tenía enemigos, no tenía ningún chulo, no... una chica normal, con buenas dotes para el negocio, ejemplar y profesional. Roque Barrachina lamentaba su muerte, si supiese quién lo había hecho o sospechase lo más mínimo de alguien no dudaría en informar a la policía, "o yo mismo me encargaría del asunto" dejó caer sin importarle quién tenía enfrente.

Las explicaciones, incluida la amenaza al supuesto asesino, satisficieron a Galán. Le dio la mano al dueño del prostíbulo. Le agradeció su colaboración y lo previno de una próxima visita.

En el descapotable, de vuelta a la comisaría, no hizo falta la pregunta de rigor de Purroy. Su compañero desenfundó antes:

—Este es un protegido del comisario, como antes lo fue del anterior, y del anterior del anterior. Llevará aquí por lo menos veinte años. Se decía que había colaborado con los de la lucha antiterrorista, que si fue un infiltrado, que si vendió armas, que si estuvieron a punto de matarlo... El caso es que apareció por Bella y montó el Notorius sin que nadie hasta la fecha lo haya molestado. Creo que el trabajo que nos ha encomendado el comisario no es más que una forma de protegerlo. Pero me juego mi jubilación a que este fulano tiene algo que ver con esa muerte. Otra cantar será que nos dé tiempo a resolver el crimen en veinticuatro horas, algo completamente ridículo.

El inspector no abrió más la boca hasta llegar a la comisaría.

XIX

—¿Éste que escribe con el seudónimo de Proudhon es primo suyo, familia de usted en algún grado, protegido o ahijado? ¿Le debe usted algún favor, Víctor? —preguntó Asís.

—No he abierto ningún sobre con la identidad real de los finalistas —dije algo enfadado por el comentario del archivero.

—Bueno, pues vamos a la página noventa. —Los presentes en la mesa pasaron las páginas del manuscrito fotocopiado hasta la señalada—. ¡Once, once gerundios en una sola página! El mero hecho de que este señor sea finalista ya ofende —Asís mostraba su intransigencia en determinados asuntos gramaticales, sintácticos y estilísticos. Los gerundios lo sacaban de quicio.

Moyano y Andrés asintieron. Yo me disculpé por no haberme dado cuenta de la utilización excesiva del principal enemigo del escritor: el maldito gerundio.

—Además, y perdona Moyano, este es otro de los fanáticos de Bella que por narices nos quiere vender que hace un siglo esto no era un pueblecito de pescadores, sino una urbe de servicios, minera y agrícola. Por favor, qué debate más cansino y absurdo. *Cuando Bella era...* es un mamotreto infumable con ansias revisionistas. Yo únicamente lo he leído hasta la página noventa, y no hay más que burgueses cultivados y en buena situación económica, ¿tantos había? En fin, imagino que estarán ustedes de acuerdo en no premiar a Proudhon. El cual, por cierto, no hace honor al carácter social de su seudónimo. —El archivero llevaba la voz cantante del premio, y a ver quién se la quitaba.

El jurado accedió a su petición en bloque. Moyano nos soltó su habitual discurso sobre Bella y su composición social a lo largo de su historia: marinera, minera, agrícola, burguesa... Lo cortamos cuando pretendía adentrarse en los repartimientos de los Reyes Católicos, no estábamos para esas digresiones históricas.

—Víctor, el segundo finalista se las trae, hasta en el título, donde al menos hay que reconocerle valor: *Orgasmos, drogas y alcohol en Viciabella*. Incalificable novela donde las haya. —Asís se rascaba el pelo con una mano y con la otra batía los folios fotocopiados de la novela corta—. No sé si me equivoco al afirmar que es una mezcla de Henry Miller y estos flipados de la generación Nocilla. Se pierde en mil vericuetos que no conducen a nada, por no hablar del tema sexual, ¿tanto se jode en este pueblo? Dice el autor al principio que no está basada en hechos reales, pero no sé qué pensar. A mí este tipo de libros, sinceramente, me envejece.

—Es diferente, es valiente, tiene un no sé qué que atrae, es pura literatura gamberra. Merece nuestro respeto —comentó Andrés.

—Demasiado explícita, me niego a premiar semejante pornografía disfrazada de novela —habló Moyano, supremo defensor de la ética y la virtud.

—Debo entonar el mea culpa. Circunscribir el premio a una novela corta con desarrollo o tema en Bella fue un error. Estamos haciendo valoraciones con prejuicios localistas —observé preocupado por las opiniones que vertían mis colegas.

—Esta novela no puede ganar. No me imagino a doña Ana entregando el premio y leyendo algún extracto donde seguro que aparece la palabra minga, pene, polla, badajo, cola o picha. Ahorrémosle el disgusto —sentenció Asís.

—Don Nicanor la hubiese premiado, fijo —apuntó Andrés, lo que provocó nuestras risas.

—Por exclusión parece que la ganadora ha de ser *Las buganvillas de Bella* —afirmé.

Se hizo el silencio entre el jurado y yo lo entendí como una aprobación. Abrí el sobre con el nombre del ganador: F. Bayón.

—¡Joder, el periodista! –exclamó Andrés.

Lo llamé desde mi móvil para comunicarle la noticia. No pareció sorprendido, ni siquiera contento, a lo sumo curioso. Se empeñó en vernos para hablar del premio, no podía venir al Guermantes, así que fijamos una cita en un bar cercano a su corresponsalía, en una hora nos veríamos allí.

XX

En el parking de la comisaría, en el momento en que apagaba el motor de su descapotable, Galán se dio dos cabezazos contra el volante.

—¡La dirección de Lavargas, mierda! ¿Cómo es posible que no hayamos preguntado a nadie por ella? Seguro que el pianista la conocía, o el escritor, o Barrachina —Galán hablaba desquiciado, no soportaba ese tipo de errores.

—Llama a tu "amigo", el pianista, el club aún no ha abierto, si es que abre —Purroy colaboraba señalando lo evidente, que no es siempre aquello que se le viene a la cabeza a quien trabaja con tanta presión.

Galán no perdió ni un segundo. Llamó a varios números hasta que alguien le pasó el teléfono deseado. El empleado de Barrachina, muy solícito, le informó que la finada vivía en SPA, como él mismo. Desconocía su dirección exacta, aunque hubo una tarde, haría un mes, que Lavargas lo telefoneó alterada demandando algo de protección; sin querer revelarle el motivo de su preocupación, le pidió que la recogiese con su coche para ir juntos al burdel. No llegó a subir a su casa, Lupita lo esperaba en la calle Córdoba esquina con Navarrate, lo más probable —según el pianista— es que por allí tuviese su domicilio. "Antes le debía una, ahora me la debe usted", el pianista no tardó en reclamar su recompensa. "Le perdono la deuda si cogen al malnacido que la mató", añadió el informador. "Lo cojamos o no, el favor será correspondido por mi parte", le dijo Galán antes de colgar.

Los policías no llegaron a subir a su despacho, desde el parking salieron raudos hasta SPA.

Diez kilómetros separan a Bella de SPA. El municipio es en términos geográficos bicéfalo: la capital tiene unos setenta mil habitantes y SPA ronda los cuarenta mil. Entre ambos núcleos cientos de urbanizaciones ocupan el terreno ya convertido en un sistema urbano dentro de una conurbación de ciento cuarenta kilómetros: Costalifornia. SPA, antigua colonia agrícola fundada en 1860 por un marqués visionario, tiene su propia idiosincrasia, tanto que muchos de sus habitantes no se sienten bellenses. De hecho, viven instalados en el permanente agravio con la capital del término municipal; para ellos encarna el lugar del mal, donde todo se invierte y centraliza para desdicha de SPA. Obviamente, a los ciudadanos de Bella capital esto se la trae al pairo, y no son conscientes de oprimir a nada ni a nadie, ni se sienten más privilegiados en su posición de supuestos subyugadores. La marca que vende y se promociona a efectos turísticos es Bella, ¡uno de los muchos oprobios que suelen blandir los agraviados!, pero SPA posee sus encantos, muchos de ellos imperceptibles a primera vista.

Los agentes aparcaron en la calle principal del núcleo urbano. Desde allí se accedía a la peatonal calle Córdoba. Purroy recordó, pues vivió un tiempo alquilado en SPA —los pisos eran más baratos que en Bella—, que durante la última campaña electoral un partido local pidió que a ambos extremos de esa calle se levantasen unos arcos de decoración cantonesa para delimitar, al igual que se hacía en otras ciudades, el barrio chino. Argüían los de la formación que ya que no se promocionaba turísticamente SPA, por lo menos eso le haría tener un atractivo a los ojos de los potenciales visitantes. Mientras los policías paseaban, observaron que la estructura comercial se correspondía con una pequeña, diminuta, *Chinatown*: una zapatería china, un ultramarino chino, un bazar chino... Les extrañó encontrarse una tienda de ropa cerrada, Modas Pekín, con el cartel de "Se traspasa" en su descuidado y sucio escaparate, donde además alguien con gracia había hecho una pintada: "¡Huid, hasta los chinos cierran!". Los policías dedujeron que la economía local no andaba muy boyante. En el extremo más oriental de la calle, cuando se pasaba el estanco —de los pocos negocios nacionales—, el comercio evolucionaba hacia el sector musulmán, empezaba por paquistaníes y sirios hasta llegar a los norteafricanos. El abigarrado vecindario se completaba con algunos filipinos muy dados a la tertulia en los bancos de la zona. La pareja de policías entró en un locutorio de la calle Córdoba, se identificaron a la dependienta y le preguntaron si conocía a Lupita Lavargas. Purroy le mostró la foto del móvil que había tomado cuando metían a la interfecta en el furgón fúnebre. La señora, ya entrada en años, puede que peruana o boliviana, se espantó al ver la foto, desde luego la palidez de Lavargas con sus ojos cerrados y el que dos policías te interrogaran era una ecuación que llevaba consigo una mala noticia. Tras explicarle que la habían hallado muerta, la mujer se persignó mientras repetía con su acento sudamericano la manida frase de "Dios la tenga en su gloria". Admitió que era una buena clienta de su establecimiento, enviaba regularmente dinero a México, últimamente mucho, y como a partir de tres mil euros las autoridades se volvían muy quisquillosas, echaba mano de otros clientes —previo pago— para que simulasen ser los ordenantes.

—Aquí era muy querida, le daba cincuenta euros a otros inmigrantes por cada transferencia. Imagínese lo que eso suponía para algunos —dijo la encargada del locutorio con toda franqueza, tal vez buscando el perdón de los policías por colaborar en un delito menor.

Galán le preguntó quién recibía ese dinero y de cuánto estaban hablando.

—Antes solía enviar mil o dos mil euros al mes. Pero en estas últimas semanas cerca de... no sé... entre veinte y treinta mil euros. Y tenía distintos perceptores en su país, eso también lo vigilan desde aquí.

Gladis, que así se llamaba la dueña del locutorio, les mostró las copias de los envíos que guardaba en un voluminoso A-Z. Los policías comprobaron esos resguardos; la mujer no mentía. Purroy tomó nota de los perceptores mexicanos, la mayoría en DF, y con el apellido Lavargas.

—¿Sabe dónde vivía? —preguntó el subinspector.

—Antes, cuando enviaba ella personalmente el dinero, poníamos en su dirección la del locutorio, como hacemos con aquellos que sólo presentan el pasaporte. Supongo que su casa estará por el barrio.

Los policías no la molestaron más, ni siquiera la amonestaron por saltarse a la torera la normativa de lucha contra el blanqueo de dinero. Siguieron calle Córdoba abajo. Había más locales cerrados que todavía conservaban su rotulación, muchos en español y árabe; se ve que la comunidad musulmana también tenía dificultades. Horas bajas para el comercio, incluso en una calle con movimiento. La pareja no paraba de cruzarse a mujeres con velos, algún hombre con chilaba, niños de rasgos asiáticos jugando y jubilados patrios cargados con bolsas de fruterías o carnicerías. En el extremo de la calle, un edificio recién construido exhibía carteles de venta en todas las terrazas de su fachada. El local de su planta baja había sido utilizado por otro poeta urbano, o quizás fuera el mismo del principio de *Chinatown*; esta vez sus palabras escondían una profunda carga social, sobre sus ladrillos dejó para la posteridad a base de spray: "Primero se fueron los españoles, después los moros, ahora los chinos, *kién* será el próximo?". Frente al inmueble sin vender, una churrería estaba cerrando. Purroy la conocía muy bien, solía frecuentarla, tenía los mejores churros de SPA. El señor vestido de blanco de faena, que recogía las mesas y las sillas de la terraza, fue abordado por la pareja. Le mostraron la foto con la pregunta de rigor. "Era clienta habitual", afirmó el hombre. Afortunadamente, conocía su dirección, un edificio no muy lejano al final de una zona llamada el Cortijo. El churrero aprovechó para indagar sobre la suerte de Lupita. Informado, mientras seguía apilando el mobiliario, sentenció: "Mal final es ese".

Los policías se plantaron prestos junto a la puerta de entrada del último bloque de pisos de SPA en dirección este, no sin antes realizar un examen visual del entorno. Al lado había una masa de eucaliptos y una calle que iba a dar a la carretera que conducía hasta el estadio de fútbol local distante un par de kilómetros. Detrás del edificio, que estaba en alto, había un descampado con cartel a pie de carretera que publicitaba la próxima construcción de viviendas. Desde allí hasta el río o, lo que es lo mismo, hasta el campo de fútbol, una antigua explotación de aguacates abandonada lo abarcaba todo, los árboles secos presagiaban un nuevo uso del terreno: la especulación. Eran las ocho de la tarde, ya había anochecido, nadie respondía a las llamadas que efectuaron a los moradores a través del portal electrónico, y a los policías no se les ocurría cómo entrar en el bloque. Fueron cinco minutos de interminable espera hasta que un señor con un perrito blanco salió del edificio. Se dieron las buenas noches, Purroy se identificó con su placa y explicó qué los traía hasta allí.

—Pero si este mediodía ya vinieron sus compañeros. La pobre

mía... —dijo el dueño del bichón maltés al tiempo que sujetaba al can en sus brazos.

El del perrito blanco era amanerado y simpático. Les franqueó la entrada del portal para acompañarlos hasta la casa de Lavargas, él vivía al lado, "vecinas puerta con puerta", se encargó de recalcar el amigo de la difunta, con cambio de género incluido.

XXI

F. Bayón tenía su oficina cerca de la plaza de toros del Puerto; el desplazamiento hasta allí me obligó a tomar un autobús urbano. Ya no estaba la estación de autobuses en el centro de Bella. Era aquél un edificio destartalado lleno de pervertidos que te seguían a los servicios para asomarse a tu mingitorio mientras meabas, por no hablar de esos timadores profesionales que llevaban veinte años pidiendo cien pesetas porque se les había quedado el coche sin gasolina, fauna que se completaba con las putillas de oficio o de necesidad que pululaban en busca de clientes decrépitos. Siempre me ha impactado ese extraño fenómeno sociológico que acontece en las estaciones de trenes o autobuses del mundo entero y que consiste, básicamente, en la atracción que esos lugares son capaces de ejercer sobre una nutrida representación del lumpen local anhelante por conseguir llevar a buen término alguna fechoría o actividad fuera de la ley. Ahora, coger el autobús en el centro requería esperar a la intemperie, la parada con pequeñas marquesinas atiborradas de viajeros se encontraba al lado del megaedificio que ocupó el espacio urbano de la antigua estación. Una caja de ahorros controlada por la Iglesia disponía de una sucursal en sus bajos, había financiado la promoción de viviendas del superbloque y, de paso, colocado una gigantesca escena escultórica de la Sagrada Familia hecha en piedra bien a la vista de los viajeros. No sé si los representantes en la tierra de quien echó a los mercaderes del templo habían ponderado correctamente la simbología visual que nos imponían. Capitalismo-especulación-arte sacro-Iglesia era una mezcla que como mínimo te hacía reflexionar, aunque quién era yo, un insignificante católico poco practicante, para interpretar los inescrutables designios del Señor, ya había otros que lo hacían con innegable éxito, por lo menos en lo económico. Durante la espera me sacó de mis reflexiones un tipo joven, esmirriado, con chamarreta de cuero y que sostenía un casco en una mano; el de la cara chupada solicitaba a algunos de los viajeros un euro, su moto se había quedado sin gasolina y no tenía forma de llegar a su casa...

La Costa había acuñado varios nombres promocionales desde que afluyeron sus primeros turistas, el primitivo Costabella había sido sustituido, entre otros, por Costa del Golf o Costa del Sol. Sin embargo, en estos últimos años se imponía en los ambientes no oficiales la denominación de Costalifornia. Hubo una época en que los gobernantes regionales se empeñaron en decir que seríamos la California del sur de Europa. Daba igual que no tuviésemos sus universidades prestigiosas, o su industria del cine, o complejos fabriles aeronáuticos, o sus empresas de tecnología; eso era *peccata minuta*, nosotros también teníamos nuestras potencialidades —potencia, que no acto—, así que por qué no adueñarnos de su nombre. Alguien con inventiva creó el neologismo de Costalifornia, en términos lingüísticos más un *portmanteau* que un acrónimo, y se expandió con relativo éxito haciéndole competencia a la denominación oficial. Además del clima, el único parecido entre Costalifornia y el mítico estado norteamericano estaba sin lugar a dudas en los desplazamientos: por desgracia el coche era vital para sobrevivir. Utilizar los transportes colectivos era una experiencia esquizoide.

Cuando paró el autobús que yo esperaba, un grupo de vendedores ambulantes senegaleses se abalanzó sobre la puerta de entrada; el chófer, furibundo, se vio obligado a pegar un bote de su asiento para emprenderla a gritos. A poco que se aclaró el follón, yo, que era uno de los primeros en la supuesta cola, vi cómo me adelantaron unos jubilados que metían los codos sin contemplaciones, lo que provocó más voces del desquiciado conductor. Al final, tuve que hacer los seis kilómetros del trayecto hasta el Puerto de pie, en un atiborrado autobús donde no se respetaban las más mínimas normas de educación. A cada parada se sucedían pequeñas sediciones de los que bajaban o subían descontentos por el horario, el trato o la forma de frenar. Al llegar a mi destino, el chófer utilizó su vozarrón: "Puerto". Un tropel de turistas extranjeros desconcertados se bajó conmigo, así como la patulea senegalesa con sus mil cachivaches.

Aún en estado de shock, caminé delante del casino, subí una suave cuesta y encontré un minicentro comercial, La Buganvilla, donde el ganador del premio tenía su despacho. Me disponía a leer las placas identificativas de los que ocupaban la primera planta del complejo cuando alguien, por detrás, me llamó por mi nombre. F. Bayón se encontraba sentado en una mesa del bar Las Buganvillas, a escasos metros de mí. Su olfato periodístico no le falló, me reconoció al instante pese a que nunca nos habíamos visto. Con extrema educación se levantó de su silla para presentarse e invitarme a tomar un café con él.

Yo diría que rondaba los cincuenta años, con barba canosa descuidada y de cierta corpulencia pero con barriga prominente; parecía por sus gestos, modales y forma de hablar un actor clásico inglés recién salido de un drama shakespeariano o de una película basada en una novela de Agatha Cristhie. Era una *rara avis* en su profesión, de los pocos que se había atrevido a denunciar la descarada corrupción municipal, un azote de los últimos gobiernos locales que practicaban con alevosía el latrocinio. Nada más sentarme le pregunté si estaba obsesionado por la buganvilla: el nombre de su novela, el centro comercial, el bar que nos acogía... Una risa sonora brotó de lo más hondo de su ser. Me explicó que esa planta trepadora, tan abundante en la zona, casi siempre verde con flores de exuberantes colores, fue lo primero que le llamó la atención cuando llegó a Bella. Viendo mi interés me explicó que la planta fue traída a Europa desde Brasil por un botánico de la expedición del gran marino y explorador francés Bougainville cuando circunnavegó la Tierra a finales del XVIII. Bayón creía que fue el creador del Puerto quien primero la trajo a la zona, pues había contratado al mejor paisajista de su época, años sesenta del pasado siglo, un sudafricano que introdujo varias especies que con el tiempo se adaptaron maravillosamente al clima y suelo de Costalifornia. "Su flor es blanca y pequeña, sus brillantes colores se los dan en realidad las hojas que la cubren y preservan. Flores que en verdad no son, colores sorprendentes, espinas que la protegen y adaptación al terreno y al clima. Es una pura metáfora de lo que sucede en esta Costa". Recordé en ese momento que en su novela uno de los protagonistas hablaba de que le gustaría que Bella fuese Dinamarca con buganvillas. Se lo referí para añadir a continuación que me disgustó el comentario, lo consideraba peyorativo, era un no aceptar nuestra particular idiosincrasia, llena de defectos y... muchas virtudes. "Puede", me dijo lacónicamente. Tras unos segundos de reflexión mientras apuraba su café, me apuntó que le daba pena ver cómo nos estábamos cargando este paraíso en la tierra. Unos por poner la mano permitiendo aberraciones urbanísticas, otros mirando hacia otro lado a la par que recogían las sobras que dejaban los especuladores y, en medio, la degradación de un territorio que poco a poco lo íbamos afeando y despojando de su belleza prístina. No llegaba a entender la indiferencia de sus conciudadanos ante el espectáculo bochornoso que se representaba con humillante descaro a diario. Su espíritu justiciero se quebrantaba también ante tanta indolencia de quienes en teoría debían protegernos. La impunidad y escasa conciencia cívica que dominaban a la ciudad le permitían decir con autoridad moral que tal vez si esto fuese Dinamarca —con buganvillas, claro— las cosas cambiarían a mejor. Su pensamiento no estaba exento de lógica; mas no pude evitar decirle cuán aburrida sería la Costa si fuésemos daneses educados y respetuosos de las leyes; prefería nuestras imperfecciones a la frialdad nórdica. De nuevo, su risa estruendosa dominó unos segundos nuestra charla. Esa risa franca, desde luego, no era danesa.

La conversación duró tres agradables cuartos de hora. Su bonhomía y cultura atalantaban. Me habló de cuando ejercía de corresponsal de prensa en varios destinos exóticos o de los puestos importantes que había ocupado en diferentes medias nacionales. Lo hacía desde la humildad, como humilde fue su agradecimiento por recibir nuestro galardón. Le recriminé amistosamente que me había sorprendido el escaso entusiasmo que había demostrado cuando lo llamé por teléfono para comunicarle que su novela había sido premiada. Se disculpó si había dado esa impresión, en el fondo estaba muy contento, el hecho de haber ganado otros certámenes literarios explicaba su tranquilidad.

Al despedirnos se excusó por el poco tiempo que me podía dedicar, estaba finalizando un artículo sobre la chica que habían encontrado muerta esa mañana al lado del Notorius. Sorprendido, no dudé en preguntarle qué sabía. F. Bayón resopló.

—La encontraron muerta al lado del burdel donde trabajaba. El dueño del prostíbulo es un protegido de la policía. Lo interesante del caso es que yo creo que esa chica era algo más que una puta de lujo.

—¿Algo más? —repetí con verdadero interés.

—Barrachina, el propietario del puticlub, como buen mafioso, siempre ha diversificado sus negocios. El Notorius no es más que una tapadera. Él le ha metido mano a las armas, las drogas, la extorsión y cualquier otra actividad lucrativa fuera de la ley que uno se pueda imaginar. Ahora creo que había encontrado un filón especulando o, más bien, quedándose con terrenos. Llevo unos meses tras una trama que utilizando ciertos resortes se ha apropiado de muchos metros cuadrados que inmediatamente son recalificados con pingües beneficios. Guadalupe Lavargas aparece en algunos documentos que poseo, supongo que la organización de Barrachina la utilizaba como una especie de testaferro.

—¿Lo va a denunciar? —pregunté un tanto incrédulo.

—¿Denunciar? Roque Barrachina colecciona trienios y trienios de colaboración con la policía y los servicios de inteligencia. Participó en la guerra sucia contra el terrorismo; desde entonces guarda secretos que harían tambalear de su puesto a más de un político, a jueces, a policías... Quienes lo protegen saben que a él sólo le interesa el dinero, alguien sin escrúpulos dispuesto a colaborar en lo que sea mientras lo dejen tranquilo en sus negocios. La escoria a veces sirve para limpiar a otra escoria. Desgraciadamente, la documentación de que dispongo es parcial y fácilmente cuestionable, yo le doy el valor de prueba irrefutable; pero pongo en duda que un tribunal opine lo mismo, y si encima cuenta con la ayuda del sistema, mejor ni intentarlo. Aun así me serviré de esta muerte para lanzar unos cuantos dardos, a ver si pongo nervioso a alguien de la organización o a sus protectores. Por lo menos que sepan que ando tras la pista.

—Me deja de piedra —le dije—. Yo era amigo de esa chica.

—Siento su final. De todas maneras su muerte es muy extraña. Barrachina no la dejaría tirada al lado de su negocio, y por mucho que actuase de testaferro eso no quiere decir, incluso en el supuesto de que hubiese intentado aprovecharse de esa situación sin sus mentores, que él la tuviera que matar. Es más, estoy convencido de que si la hubiese asesinado ni usted ni yo lo sabríamos. No es su estilo. A lo mejor, esto es pura conjetura, el que mató a su amiga y la dejó allí buscaba mandarle un mensaje a su jefe.

    F. Bayón tenía que terminar su crónica antes de que cerrasen las rotativas. Nos despedimos cariñosamente consolándome de nuevo por la muerte de Lupita. En unas semanas recogería su premio en el Guermantes de manos de doña Ana.

XXII

Purroy hacía verdaderos equilibrios para no caer al vacío. A su espalda escuchaba los ladridos histéricos de *Chouchou* junto con los ruegos de su dueño que le conminaba a bajarse de la verja antes de que se rompiese la crisma.

Sergio no pudo entrar en la terraza de Lavargas, se quedó colgando peligrosamente del artilugio cerrajero que impedía el acceso hasta por el lateral. Con gran esfuerzo pudo retornar al balcón del Gran Maxi, ante la mirada impasible de Galán y el suspiro de alivio del propietario del piso.

El Gran Maxi era tarotista, vidente, oráculo y quiromántico; así al menos rezaba en las tarjetas de visita que abarrotaban una bandejita plateada en el recibidor de su apartamento. Su casa, de decoración algo recargada, estaba llena de libros apilados en estanterías que llegaban hasta el techo. Después del espectáculo acrobático-circense de Sergio Purroy, les ofreció tomar un té con pastas. Los policías aceptaron encantados, su experiencia les decía que un vecino como éste era una inagotable fuente de información.

Mientras el pequeño Gran Maxi colocaba el mantel blanco bordado en la mesa baja del salón, les habló de lo mal que le iba su negocio, había tenido que echarse a vender la Thermomix, "yo ya estoy muy mayor para ponerme a comer pollas por la calle", dijo con total naturalidad. *Chouchou* seguía a su dueño en sus idas y venidas a la cocina. Purroy no quitaba ojo al perrito, él había acabado sucumbiendo a la moda canina de esos años y antes de divorciarse les compró a sus hijas un cachorro de bichón con la única condición de que ellas se encargaran de su cuidado. Como cabía esperar, rara era la noche, cuando todavía vivía en pareja, que no se veía obligado a sacar al perrito para que hiciera sus necesidades en la calle, comprobando con espanto que eran unos cuantos los padres que a esas horas intempestivas cumplían con la preceptiva tarea de dar una vueltecita al dichoso bichón maltés.

Era un grupúsculo que echaba de menos, habían establecido lazos de solidaridad canina a cuenta de los caprichos de sus hijas; de hecho, entre bostezo y bostezo, se pasaban bolsitas para recoger excrementos o comentaban las últimas novedades en productos antiparasitarios. Ya hubiera lluvia o granizo, allá que se cruzaban los integrantes de esa extraña cofradía, con sus andares cansados de haber estado bregando todo el día, uniformados con chándal fuera de moda y pinganillo en la oreja para oír la radio, hastiados por no poder disfrutar del merecido descanso nocturno; pero con cierto orgullo de llevar a cabo un sacrificio por la sacrosanta institución familiar que, ahora, pasados los años, Purroy añoraba.

El Gran Maxi puso una mesa digna de la mejor casa de campo inglesa: mantel impoluto, servilletas a juego, porcelana china, cubiertos de plata y pastas deliciosas. Se disculpó porque no era la hora del té, y a él, qué caramba, le gustaba prepararlo y no siempre tendría la oportunidad de tomarlo con dos policías, nada más y nada menos. Su charla era frívola y divertida, con toques de persona culta, aunque de vez en cuando formulaba reflexiones o preguntas fuera de lugar, del tipo: "¿Ustedes no utilizan porra?". Conforme pasaban los minutos, y con más confianza, este tipo de comentario se hizo más reiterativo.

Galán se hartó de la conversación sobre porras, camisas estampadas, marquesas que deseaban saber su futuro, esposas engañadas que recurrían al tarot en busca de una esperanza, videntes estafadores y recetas de lentejas para la Thermomix. Ellos estaban allí por Guadalupe Lavargas. El inspector dejó en la mesa baja la taza de té y cortó sin contemplaciones la cháchara del Gran Maxi. Le preguntó directamente sobre su relación con la muerta.

—Les digo lo mismo que a sus compañeros de antes. —A Maxi parece que le infundió respeto el tono del inspector, respondía resuelto—. Era una vecina encantadora a la que le gustaba mantener las distancias, era reservada para sus cosas. Yo sabía que era puta, a mí no me la iba a pegar, llegó a confesármelo. Sin embargo, nunca, les repito, nunca, la vi con un cliente en su casa, aquí desde luego no ejercía.

Su verborrea continuó aportando datos intrascendentes sobre Lavargas. La visita en términos de información estaba siendo infructuosa.

La pareja agradeció a Maxi su colaboración, debían acudir a la comisaría y no podían quedarse más tiempo en tan agradable compañía (*sic*). El anfitrión, con *Chouchou* correteando entre sus piernas, los acompañó hasta la puerta.

—Fíjense en lo que hicieron sus compañeros —dijo ya cuando se encontraban fuera del piso—, los que vinieron al mediodía cargados de maletines, los que traían llave de la puerta de Lupita y la precintaron con esa horrible cinta de plástico. Han dejado esto que parece el decorado de una serie americana de forenses de bajo presupuesto.

Los agentes giraron sus cabezas para observar el trabajo de la científica. Ahora caían en la cuenta de que no se habían ni preocupado de dar una explicación coherente al Gran Maxi sobre su extemporánea e irregular visita; por supuesto, él no perdió la ocasión de remarcar que algo raro había en su comportamiento.

—Nosotros somos un segundo grupo policial que se cerciora de lo que hace el primero. Por eso procuramos ir un poco por libre, lo que a veces nos conduce a problemas difíciles de resolver, como entrar en una casa. Las nuevas técnicas de investigación policial, ya sabe...
—Purroy copió el discurso de su compañero ante Barrachina.

—Ya... —su forma de pronunciar ese "ya" daba a entender que al anfitrión no le había convencido mucho la argumentación utilizada, por no hablar de sus posibles poderes como vidente—. De cualquier manera, y dado que han sido muy amables conmigo, a diferencia de los otros policías que no consintieron siquiera tomar café con esta pobre vidente a la que corroe la soledad, quiero tener un detalle con ustedes.

Dejó esperando a Purroy y Galán en el rellano. Su menudo cuerpo entró en su casa y a los pocos segundos salió con unas cuantas cartas.

—Cada dos por tres cambian de cartero, si va con prisa es normal que confunda nuestros buzones porque no tienen nuestros nombres, sólo la planta y la puerta; a ver si algún día me acuerdo de exponer el problema en la reunión de la comunidad. Antes de que llegaran ustedes me encontré este montón de correo de la pobre Lupita en mi buzón. Pensaba llamar mañana a la policía para contárselo, me dejaron un teléfono por si veía algo raro. Ya que están ustedes aquí, mejor el segundo grupo, es más simpático y educado.

Purroy extendió la mano para coger las cartas. El quiromante se las dio, y aprovechó para agarrarle de improviso la muñeca de su brazo libre. "Déjeme leerle su futuro", dijo. Sergio enmudeció, no sabía cómo reaccionar; a su jefe se le dibujó una sonrisa burlona. Maxi le volvió la mano para observar las líneas de su palma con atención. Durante diez segundos no dijo palabra, su cara afilada desprendía un aire de concentración absoluta. Purroy sintió algo difícil de explicar, algo que nunca había sentido en su vida, como si sus cuerpos se hubieran acoplado intercambiándose energía por la unión de sus manos, había algún tipo de extraña transmisión entre ambos. De repente, el vidente soltó con violencia la muñeca que agarraba, fue el final de un esfuerzo que parecía haberlo agotado, un gesto que surgió de lo más profundo de su ser. Con ojos turbados miró el rostro del subinspector, que intentaba disimular su sorpresa por lo ocurrido; pero su respiración entrecortada y su parpadeo indicaban a un observador experimentado y sabio en su oficio —el Gran Maxi lo era— que estaba exhausto, incluso asustado. Sergio no entendía qué le había sucedido.

—No voy a leerle el porvenir. Sólo voy a darle un consejo: cuídese. Y recuerde algo: el futuro lo escribimos nosotros mismos, hasta cuando soñamos.

Chouchou aulló con fuerza. Su dueño dio la espalda a la pareja, esperó a que su perro entrase en la casa y, sin despedirse, la puerta se cerró de un golpe seco, sin que fuera empujada por nada ni nadie, de forma inexplicable. Pura magia.

XXIII

Preferí coger un taxi para volver a casa, no estaba para otra experiencia multicultural en transporte colectivo. Por suerte, había uno libre frente al bar, su lucecita verde se encendió, qué casualidad, cuando me despedí de F. Bayón.

El taxista escuchaba una música de jazz a media voz, le pedí que subiese el volumen. De los altavoces salía en ese momento el desbordante inicio de *Quantrale*, tarareé esa melodía mientras miraba por la ventanilla la sucesión de urbanizaciones y pequeños centros comerciales que conectan al Puerto con Bella a través de la antigua N-340. Le pregunté sonriente al chófer si le gustaba el jazz, estaba contagiado por la alegría de ese trombón celestial que inundaba de buenas vibraciones mi habitáculo. El tipo torció un poco el cuello para dirigirse a mí, de mala gana pronunció un seco "no". Tras unos segundos de silencio, confesó que él escuchaba una emisora de música clásica y jazz porque era lo más neutro para sus clientes, así se ahorraba andar cambiando de dial y ocasionales broncas con demandantes de extrañas canciones o emisoras de radio.

Pasábamos al lado de la Venta Los Pacos, cuando se me ocurrió pedirle a mi pragmático y reservado conductor que me llevara al Club Notorius. No tuve que añadir nada más, sabía perfectamente que quedaba cerca.

Una carrera de menos de cinco minutos y unos seis kilómetros me costó el nada desdeñable importe de veinte euros. Mientras el taxista me daba la vuelta, le comenté si conocía a Murakami y a Curtis Fuller. "Pues no. No sé de quién me habla", me respondió con desdén. No insistí más, definitivamente el hombre no estaba por la labor, yo hubiese jurado que éste era uno de esos lectores voraces que a veces da el sector del taxi, por aquello de las largas esperas en las paradas y que entre servicio y servicio devoran bibliotecas enteras.

Un machaca vestido de negro, con pinganillo en la oreja, rapado al cero y que hacía por medio taxi me franqueó la entrada. Mi primera impresión del local fue muy positiva, su decoración no era la propia de los pocos prostíbulos cutres que yo había frecuentado en otra época. Se notaba que era un sitio con clase, resultaba muy atrayente ese rojo de mil matices que todo envolvía.

Me senté en un mullido sofá frente al pianista. A esa hora eran pocos los clientes, así que no tardó mucho en sentarse a mi vera una meretriz de rompe y rasga. El pianista era un virtuoso, versionaba a su forma la canción de José Alfredo, *El rey*. Mi compañera de mesa me puso su mano en mi muslo y me preguntó cómo me llamaba. Su acento era ligeramente eslavo, su cuerpazo era eslavo, sus turgentes senos que asomaban por su generoso escote a buen seguro que también eran eslavos, y seguro, segurísimo, que por un módico precio todo eso y más podía ser mío al menos durante media hora. Una erección acompañó los nuevos acordes del pianista, se me estaba lanzando por rancheras el de la camisa floreada y bigotito de galán de postguerra. "Víctor", atiné a decirle a esa mujer que era un monumento viviente. "Yo me llamo Yulia". Joder con Yulia, miraba a mi alrededor y el resto de compañeras no estaba a su altura ni por asomo, y mira que había nivel. Yo no sabía qué hacía allí, me había dejado llevar por un impulso, por Lupita… Ahora, a ver quién negaba a Epicuro su recompensa, desde luego nadie en su sano juicio. Un camarero a instancia de mi acompañante me puso una copa de champán en mi mano; me dio por pensar cuánto costaría, es sabido que el beneficio de este tipo de negocios está en la bebida que las lagartas son capaces de hacerte consumir. Yulia me contó que era ucraniana, veintipocos, yo le había gustado nada más entrar porque daba la impresión de estar algo perdido. Mi mente bullía, estaba sopesando si tirarme al barro o huir despavorido de semejante paraíso. "¿Cuánto?", era la pregunta a formular. "Trescientos" salió de las cuerdas vocales de miss Kiev con un tono entre suplicante y deseoso. Qué son trescientos euros, pensé; no tengo mujer ni hijos que mantener, mi nevera está llena, no me comen las deudas, no le voy a hacer daño a nadie… mi estúpida conciencia biempensante y pequeño burguesa me martirizaba, mas estaba claro que la partida tenía desde el principio un ganador, hubiese vendido mi alma al diablo por un roce de la ucraniana.

Yulia, con ese puntito entre bruja y psicóloga barata, me cogió de la mano sin esperar mi decisión, su gesto —evidentemente— disipó cualquier resistencia de mi antiyo. El pianista me guiñó un ojo cómplice, creí entender en ese gesto un "te has llevado lo mejor, suertudo" o "eres un crack, campeón, llegar y besar el santo". Me despidió como las bandas de música en las plazas de toros, mi paseíllo hasta donde fuera lo acompañó con un pasodoble. Un largo corredor condujo a otro, y ese otro a otro, hasta desembocar en una habitación muy funcional, nada cargada. Mientras me desnudaba se me ocurrió preguntarle por Lupita a la vez que le comentaba que era su amigo y sentía mucho lo que le había ocurrido. Craso error. Sentada en el filo de la cama, mi puta rompió a llorar con un sentimiento que me dejó sorprendido.

Mi erección se quedó en nada, Príapo huyó a mejores territorios. De pie, en calzoncillos pero con los calcetines puestos, quise consolarla. Nada que hacer, Yulia era un mar de lágrimas. Me senté a su lado, le pasé el brazo por su hombro y nos echamos en la cama con los pies colgando. "Algo más que una amiga", me confesó con ese acento que tanto me ponía. "Ya, claro, lo comprendo", dije yo. La verdad es que en ese momento me arrepentía a muerte de haberle nombrado a Lupita, yo lo único que quería era pegarme un sucio revolcón con mi desconsolada acompañante. Así que tampoco le di más importancia a su frase, hasta que completó su pensamiento: "No, no, tú no comprendes, no comprendes... éramos novias, pareja."

XXIV

Sentados en las sillas de mimbre del Pub Charles, con unas palomitas acompañadas de unos bien servidos *gintonics*, los policías se dispusieron a abrir la correspondencia de Lavargas. Quedaban escasas ocho horas para reunirse de nuevo con el comisario y poder contarle algo de interés. Lo del delito postal ni se lo plantearon, una minucia que a esas alturas de la noche ni les preocupaba.

Luz, agua, bancos, seguros, impuestos municipales, correspondencia comercial, publicidad variada... en total, unas veinte cartas. Lupita, o más bien Maxi, no se preocupaba demasiado de mirar su buzón, acumulaba envíos desde hacía un mes. De ese montón de papeles que yacía sobre la mesa de cristal sólo una factura llamó la atención de la pareja.

La empresa Catastro y Registro S.L., cuyo curioso lema era: *Porque lo que es tuyo es tuyo,* le enviaba una factura de diez mil euros más IVA por el vago concepto de investigación catastral y registral.

Galán necesitaba concentrarse, desenfundó la boquilla de baquelita mientras su compañero metía en una bolsa de plástico las pruebas del delito que acababan de cometer. El inspector sostenía en una mano el sobre y la factura sospechosa.

—¿Diez mil euros? Me parece mucha pasta. ¿Para qué querría Lupita información de ese tipo? —comentó Purroy.

Galán levantó la vista al techo, buscaba una respuesta. Al cabo de unos segundos se metió la mano en el bolsillo y dejó un billete de diez euros encima de la mesa. "Vamos", le dijo a su compañero, y, entre crujidos del mimbre, se levantaron de sus asientos y salieron presurosos del pub. Cruzaron el paso de peatones que los separaba de un local que hacía esquina en la acera de enfrente, era un cíber que a esa hora estaba cerrando. Los agentes mostraron sus placas a un tipo de aspecto árabe que en ese momento se disponía a acerrojar la puerta por dentro. Sin perder tiempo, el propietario o empleado facilitó la entrada a los policías, quienes le pidieron utilizar un ordenador para una urgencia del servicio. El moro, con una cara lívida que asustaba, les señaló un puesto y allí se aposentaron los investigadores.

El propietario de Catastro y Registro era un ingeniero topográfico muy aficionado a Internet. Figuraba en varias páginas como creador, moderador y asesor. Tenía colgados trabajos técnicos en varios idiomas, conferencias, etcétera. Con tanta información no fue complicado dar con su domicilio: la urbanización Bel-Air.

Hubo unos años en que los nombres californianos se pusieron de moda en esta zona, daba como más caché, aunque en el fondo esto formaba parte de la gran mentira colectiva que pretendía fundir/confundir esta porción del sur de Europa con la tierra de promisión americana. Bel-Air se encontraba en el término municipal vecino a Bella por su límite oeste, lo que a efectos prácticos significaba que Galán se perdía. Sacarlo de su ciudad suponía verlo nervioso y torpón. Acabaron encontrando la dirección que buscaban en aquel laberinto de urbanizaciones después de preguntar a un vigilante jurado que hacía guardia en la garita de un complejo residencial llamado, cómo no, Sunset.

Faltaban quince minutos para la una de la madrugada, demasiado tarde para irrumpir así como así en cualquier hogar cristiano sin alarmar a sus moradores. Los policías se habían cansado de llamar infructuosamente a un número de teléfono que se suponía era el de la empresa del topógrafo. En un complejo de casas adosadas-acosadas (en esto se copiaba también lo malo del urbanismo expansivo horizontal norteamericano) se encontraba el domicilio de P.J. Polvillo, gerente de Catastro y Registro, y frente a su puerta la pareja titubeó un instante antes de llamar, pero un cruce de miradas fue suficiente para comprender que no les quedaba otra. Enseguida se escucharon los ladridos amenazantes de un perro, al poco se entreabrió la puerta, justo lo que daba una de esas cadenillas de protección. El hocico de un bóxer ladrando asomó por el hueco, una mano lo retiró de allí al tiempo que preguntaba a los visitantes qué querían. Los agentes mostraron sus placas, se identificaron y pidieron hablar con el ingeniero. Una mujer alta de aspecto fuerte y vestida con chándal abrió la puerta de par en par, sujetaba con una mano el collar del perro, que ardía en deseos de saltar sobre los intrusos y era aplacado en su rabia por las palabras en alemán que pronunciaba su dueña.

La bolera. Su marido o pareja o lo que fuera estaba en la bolera de SPA. Los primeros lunes de cada mes el topógrafo quedaba con unos amigos para competir entre ellos. Lo curioso es que la teutona, su acento la delataba, respondió de forma mecánica, no se sobresaltó lo más mínimo ante unos policías que llamaban a su puerta de madrugada. Puede que su frialdad respondiese a ese concepto de la vigilancia y la justicia que tienen los alemanes, esa obediencia ciega al Estado y a sus servidores que debe de transmitirse hasta en los genes. Purroy le explicó, sin que ella lo pidiera, que buscaban a P.J. Polvillo en el marco de una investigación, sólo querían hacerle algunas preguntas. "¿Algo más?", dijo la del chándal. "No", respondieron al unísono los agentes. Sin mediar una palabra más, la mujer les cerró la puerta en sus narices, de fondo se oían los ladridos del perro, que fueron acallados con una contundente orden en su idioma. Purroy y Galán se quedaron como dos pasmarotes en el zaguán de la entrada. Habían obtenido la información que deseaban con la impresión de que la alemana había ganado la partida, como si ella hubiese dominado el juego con su aparente buena colaboración. Realmente fue práctica, no perdió ni hizo perder el tiempo a nadie enredando con absurdas cuestiones o teóricos derechos que no conducen más que a dilaciones estúpidas.

SPA contaba con una bolera en pleno centro del pueblo. Galán aparcó frente a su puerta. "Hace más de treinta años ahí al lado había un pantanillo y en la otra dirección un matadero. Aún recuerdo cuando la sangre de los animales sacrificados corría como un reguero hasta donde ahora estamos nosotros, que no era más que un inmenso solar donde los niños jugaban al fútbol". El inspector tiró de memoria y nostalgia, no era raro que recalcase ante su compañero lo mucho y rápido que el mundo había cambiado a su alrededor. El subinspector nada más entrar en la bolera pensó que efectivamente aquello tenía treinta años o más, hasta el olor a pino del ambientador del negocio resultaba decadente. Galán le comentó que el *bowling* cuando se inauguró era el colmo de la modernidad; sin embargo, ambos percibían que poco había cambiado desde entonces, y a fe que se notaba. El local se encontraba ubicado en un inmenso bajo, a la derecha de la entrada había unas cuantas maquinitas recreativas y unas mesas de billar y *snooker*, a la izquierda la bolera propiamente dicha, y en el fondo la barra del bar, frente a la cual se distribuían algunas mesas y sillas, así como varias pantallas grandes de televisión. A la bolera jugaban cuatro extranjeros —ingleses probablemente—, en las máquinas recreativas no había nadie, y viendo los enormes plasmas un solitario cliente devoraba una hamburguesa gigante. Por puro descarte, el topógrafo habría de formar parte de un grupo de cuatro jugadores de *snooker* que en ese momento estaban colocando las bolas para comenzar una partida. Los policías se acercaron a ellos y preguntaron por P.J. El que acababa de quitar el triángulo que contenía las bolas preguntó de forma pausada qué quería la policía de él precisamente esa noche y a esa hora.

XXV

La información que me acababa de transmitir Yulia me dejó un tanto desconcertado. No obstante, quién era yo para juzgar a Lupita, y más muerta como estaba, a lo sumo me sentía dolido porque como confidente suyo no me había comentado su inclinación sexual. Sin duda, uno en calidad de biógrafo no puede pretender conocer toda la vida, detalle por detalle, de quien hace el encargo. Imposible abarcar la infinitud de una experiencia vital.

Yulia seguía gimoteando. Yo, a su lado en la cama con calzoncillos largos de cuadraditos y calcetines agujereados, meditaba qué hacer. Mi mente, tan juguetona y fantasiosa ella, empezó a imaginar escenas lésbicas entre la ucraniana y la mexicana. Resultaba un tanto sacrílego; pero no podía controlar semejantes ensoñaciones donde, además, yo aparecía como tercero en discordia, en plan castigador, de mi fantasioso triángulo.

"¿Por qué la mataron?", le pregunté a su amante-novia, en un acto que me permitía saciar mi curiosidad y al mismo tiempo parar esa película erótico-onírica que me estaba montando. Ella permaneció callada, aunque al menos paró de llorar y sollozar, después se puso de pie y empezó a vestirse. La agarré fuertemente de un brazo y le volví a hacer la pregunta. Me miró desconsolada, gimoteando creí entenderle: "Estaba metida en cosas raras". Qué cosas, quise saber, qué turbios negocios se traía entre manos hasta el punto de costarle la vida. Mientras ambos nos vestíamos, la eslava me daba capotazos, no quería compartir aquello que sabía, puede que tampoco quisiera arriesgar su vida. No me quedaba otra que sincerarme: le hablé de nuestra relación, de lo bien que nos caíamos, de lo mucho que me había afectado su muerte, de las ganas que tenía —ahora más que nunca— de terminar un libro sobre su vida con un final digno, no me parecía justo que la última frase fuera un "…y la hallaron muerta de madrugada tirada al lado del prostíbulo donde trabajaba", quería alguna respuesta a tantas preguntas como me formulaba.

Un escritor dando pena puede resultar un espectáculo deplorable; tanto que, a lo mejor por no verme más así, esa alma bondadosa de arrebatadora belleza acabó confesando algunos secretos, intimidades o experiencias que le pesaban.

Barrachina las obligaba a Lupita y a ella a trabajar de vez en cuando en un chalet de Nueva California, circunstancia ésta bastante rara porque las chicas tenían terminantemente prohibido ejercer fuera del Notorius. Según Yulia, allí sólo acudían españoles de mucho dinero; jugaban al póker, algo de droga, sexo con ellas cuando les apetecía —que era bien poco— y sobre todo hablar, se pasaban la noche fumando buenos puros y conversando. "¿De qué hablaban?", le pregunté. "De negocios, de dinero", dijo. "¿Y eso qué tiene que ver con la muerte de Lupita?", interrogué de nuevo. La eslava me contó que llevaban casi medio año sin acudir a esa casa, y el cambio vino desde que Barrachina ordenó a Lupita firmar cuantos documentos le ponían sobre la mesa algunos de los que habían usado sus servicios en Nueva California. "¿Quiénes?", pregunté. Yulia no estaba segura, suponía que eran gente importante, abogados o algo parecido, algún empresario... No podía concretar más, salvo que Lupita en los últimas semanas se sentía muy intranquila, se creía amenazada por ese entorno. Habló con Barrachina y éste la tranquilizó, con él allí nada le pasaría, y pronto buscaría para ambas otro destino más tranquilo. Su jefe se había enfadado mucho con la muerte de su pupila, le comentó a Yulia que quien la hubiese asesinado lo pagaría caro. Le pedí a la ucraniana la dirección de ese chalet, no se acordaba del nombre de la calle ni del número de la casa, me dio unas señas básicas de cómo encontrarlo

Yulia, al terminar su confesión, parecía contrariada. Creo que ardía en deseos de desahogarse, a sabiendas de que tendría como contrapartida el riesgo de abrirse demasiado con un desconocido. La consolé lo mejor que pude y le juré que sus secretos estaban en buenas manos.

"Trescientos euros" me pidió la ucraniana alargando la mano con la palma hacia arriba, petición hecha de un natural que aturdía. Al ver mi cara de sorpresa y argüir que no le había tocado un pelo, me soltó: "Si no me pagas me pedirán explicaciones. Y, además, yo soy una profesional, mi jefe quería que descansara unos días por lo de Lupita, y yo me negué, así que tú pagas". Su fonética era mejorable, no así su sintaxis, absolutamente impecable. Propuse que al menos me dejase echar un flete rapidito. "No, exceso de tiempo, estamos controladas, eso serían otros trescientos euros." Madre mía, me iba a volver loco, afortunadamente la información que me había pasado no tenía precio. Me compró como antaño hizo su compañera sentimental. Acercó sus lascivos labios a mi oreja y me susurró: "Tráeme ese libro, y harás gratis conmigo lo que quieras". Desarmado, rendido y empalmado le estampé un besazo con la promesa de que tendría prontas noticias.

XXVI

P.J. miró desafiante a los policías sujetando con las dos manos el palo de billar a modo de columna de apoyo. Los recién llegados le explicaron qué les traía hasta allí. El topógrafo se dirigió a sus amigos en inglés para disculparse por la interrupción. El trío se dirigió a una mesa redonda baja con taburetes de cuero negro estilo discoteca años ochenta. Un camarero, con pinta de aburrido, se les acercó nada más tomar asiento y les tomó nota. El dueño de Catastro y Registro (*Porque lo que es tuyo es tuyo*) parecía un tipo seguro de sí mismo, no lo amedrentaron las placas, es más, tomó él la iniciativa en el interrogatorio. Aparentaba más edad de la que tenía, más cerca de los cincuenta que de los cuarenta, ancho de espaldas y con llamativas entradas en la frente que auguraban una próxima calvicie; su pelo canoso, sus ademanes y otros detalles de su físico le conferían cierto atractivo. Desprendía ese aura de a quien le va bien la vida, del triunfador que se lo ha trabajado, del que ha obtenido recompensa por su sacrificio.

—No estoy acostumbrado a tratar con la policía, pero no me pilla de sorpresa su aparición, mi mujer me ha llamado para comentarme que ustedes me buscaban. ¿Se puede saber qué quieren de mí de forma tan urgente? —P.J. meneó con un mezclador el *gintonic* que le acababan de servir y dio por terminado su exordio, tan tranquilo como si diese una conferencia sobre la esfericidad de la Tierra.

—Sabemos que es topógrafo... —dijo Galán.

De manera fulminante fue cortado, su interlocutor no le dejó acabar la frase:

— Geómetra, ge-ó-me-tra; prefiero ese término si no les importa. Se ciñe más a lo que yo me siento y soy profesionalmente —afirmó con contundencia el topógrafo, acentuando su corrección con el dedo índice levantado.

—Bueno, esta noche no es el momento, algún día me explicará la diferencia —Galán estaba comportándose de manera muy condescendiente, no se mostraba brusco o cortante, él sabía muy bien con quién trataba y el enfoque que debía darle al interrogatorio—. Lo que sí resulta incontestable es que es usted el gerente de Catastro y Registro, ¿no?

—Correcto.

—Bien, pues suponemos que usted trató profesionalmente a Guadalupe Lavargas —preguntó Galán.

—Se refieren a Lupita Lavargas —echó su cabeza hacia atrás, se retrepó un poco en la silla y respiró profundamente—; claro que la conocía, le hice algún que otro trabajo. Me he enterado que la encontraron muerta esta mañana, no se habla de otra cosa en Bella. Una auténtica pena.

—¿Qué clase de trabajo hizo para ella? —interrogó Purroy.

—Lo típico. Unas fincas, unas parcelas que Lupita quería medir, regularizar.

—¿Regularizar? —preguntó de nuevo Purroy.

—Bueno, ya saben, hay gente que compra un terreno sin tener mucha idea de su situación exacta o de su tamaño; ni tienen la debida documentación de notarios, registradores, etcétera. Yo me encargo de poner orden en eso, si es posible. Delimito mediante un plano lo comprado, hago su correcta inscripción en el Registro o en el Catastro, y si fuera necesario actúo como perito judicial en el caso de que hubiese un contencioso sobre las lindes con los vecinos.

—¿Cuántas parcelas o fincas eran de Lupita, dónde estaban, qué valor pueden tener, cuándo y a quién las compró? —interpeló ansioso Galán.

—Yo tan solo le medí dos o tres parcelas. La documentación era escasa. En mi profesión se dan infinidad de casos, a veces el problema está en el vendedor, otras en el comprador o en la secuencia de compra-venta que ha sufrido el inmueble. La casuística registral es enorme. Un geómetra afronta esos problemas desde el punto de vista técnico y burocrático-jurídico. Un geómetra, y con esto respondo a su pregunta, es algo más que un simple medidor o agrimensor, se le supone preparado para resolver todo lo relacionado con la propiedad. Es más, en otros países sus dictámenes son aceptados por las partes sin recurrir a la vía judicial. Claro, eso no pasa aquí, y así nos va —Polvillo terminó su respuesta, su mitin, su explicación, y se bebió de un trago lo que le quedaba del *gintonic*, a continuación añadió—: Para la señorita Lavargas actué como un mero topógrafo, le hice el plano y poco más.

—Se nota que es un enamorado de su profesión. Gracias por su lección gratuita, tremendamente didáctica, aunque se le olvida contestar a una de mis preguntas, ¿el valor de las fincas? —le recordó Galán.

—Alto. Una cerca del Puerto, otra a los pies de la Sierra y la tercera finca estaba al norte de SPA.

— ¿Por ese trabajo se cobra diez mil euros? —el inspector sacó el sobre del bolsillo de su chamarreta y le mostró la factura.

—¡Por favor, inspector! —Polvillo alzó sus brazos con las palmas hacia arriba. Su tono adquirió seriedad— Ya estamos con lo de siempre. Un profesional liberal pone un precio por sus servicios y quien lo contrata acepta o no sus retribuciones, punto. Usted cuando va al dentista paga, ¿verdad? Pues no sé por qué la gente se pasa el día pensando que nosotros cobramos demasiado, incluso hay quien piensa que por qué cobramos. Es más, a Lupita le hice un buen precio, me cayó bien desde el principio —P.J. Polvillo llamó por su nombre al camarero y pidió otro combinado.

Los tres estaban cansados, los tres se apoltronaron en sus asientos mientras bebían a pequeños sorbos los pelotazos. No incomodaba el silencio, parecían amigos de la infancia que por un momento se quedan sin tema de conversación. Miraban sin mirar una enorme pantalla de plasma donde se retransmitía un campeonato femenino de *curling* que ganaba Suecia. Estaban extasiados viendo como unas bellezas nórdicas utilizaban unos cepillos con los que aparentemente controlaban unas piedras de granito gris que se deslizaban sobre el hielo. Simplemente desconectaban un poco.

XXVII

Yulia trincó sus trescientos euros, me sacó con prisas del laberinto de pasillos y me estampó un besazo en la mejilla cuando me soltó frente al pianista para buscar nuevos clientes. El virtuoso pasó de una canción melódica a interpretar: "*...con dinero y sin dinero hago siempre lo que quiero y mi palabra es la ley...*". Me tenía casi más conquistado que Yulia. La *maison close* se había llenado en media hora, y eso que era un día entre semana. Conocía de vista a algún que otro cliente que divertido besaba el cuello de una muñequita asiática o tocaba con su manaza la nalga de una mulata voluptuosa. No era ni la hora ni el momento para hacer vida social, así que decidí dejarme llevar por mi destino. Tenía una dirección que buscar, no sabía qué podría acontecerme, qué habría de encontrar, pero la noche me llevaba de forma indefectible a ese sitio como de hecho me había llevado hasta Yulia.

El primer taxi de la parada era el mismo que me había traído. Al sentarme en la parte trasera, Shostakovich con su *Vals n° 2* me recibió. El chófer me miró de soslayo por el retrovisor, tras su seco saludo de buenas noches, me preguntó adónde íbamos. "Nueva California", respondí cerrando la puerta con una brusquedad no deseada. Me costó el reproche de mi soso taxista, quien además pretendía que yo fuese más preciso en mi petición. Hube de explicarle qué buscaba, dando demasiados detalles para mi gusto. Desde luego ese hombre no era la alegría de la huerta, y ni falta que le hacía para ser un buen profesional: conocía el lugar, eso era lo importante. Le interrogué al respecto. Como cabía esperar no se extendió en la respuesta. Simplemente sabía de la existencia del chalet porque alguna que otra vez había llevado o recogido clientes allí. Desconocía qué se cocía en el sitio y tampoco le interesaba. Fin de la conversación.

Cuando llegamos a la puerta del n° 20 bis de la calle B-1 de la macromanzana C (normal que Yulia no se acordase de la dirección), le pedí al taxista que aparcase junto a otros vehículos cerca de la entrada.

Le insté a apagar las luces. La aséptica voz del locutor de Radio Clásica desgranaba el programa de un concierto ofrecido por una orquesta de cámara bohemia en el Auditorio Nacional; no pude siquiera escuchar los primeros sones de la grabación, el chófer apagó la radio. Alargó su brazo derecho hasta el respaldo del asiento del pasajero, bien asido volvió su cuello hacia mí para poder encararme. "¿A qué coño juega?", me preguntó con pausa en el hablar, resaltando su asombro. "¿Tiene usted tiempo?", le respondí. Él asintió de mala gana. Y yo, en mi ingenuidad, y también porque uno a veces siente deseos de vaciarse con alguien en una especie de confesión laica, comencé a desgranarle la historia de ese día.

Los taxistas son como las putas y los taberneros: un sostén básico de la sociedad, un pilar que ayuda a mantener el inestable y delicado entramado social, unos psicólogos gratuitos a los que uno acude para desahogarse. Desde que los seres humanos guardan e interpretan recuerdos necesitamos compartir de alguna forma todo aquello que tiene un componente negativo y se acumula en un rincón de nuestra mente. Es una práctica higiénica que evita supuraciones excesivas e innecesarias. Y no se puede pedir más si encima recibes un buen consejo de quien te escucha. "Entre ahí. Usted tiene pico, ya encontrará la forma de obtener respuestas a sus preguntas. Yo le esperaré lo que haga falta, así se sentirá más seguro, con las espaldas algo cubiertas." Puse mi mano sobre su hombro y se lo apreté ligeramente, "gracias" acerté a decir a este nuevo compañero de aventuras. Bajé del coche cuando una ligera tormenta, propia de la estación, comenzó a descargar un poco de agua. La noche se estaba volviendo desapacible, me subí la cremallera de mi cazadora y me dirigí hacia la puerta del chalet.

XXVIII

El *curling* tenía un extraño componente hipnótico para los escasos clientes de la bolera. Quienes miraban el televisor parecían sumidos en un trance, como si hubiesen sido abducidos por ese singular juego. Observaban la destreza del equipo femenino sueco ante unas desbordadas escocesas que asistían impotentes a su eliminación del campeonato de Europa. Nada más terminar el partido, uno de los amigos del topógrafo-geómetra, pelirrojo y que vestía un polo de manga larga azul marino con el cuello blanco y banderita escocesa en el bolsillo, exclamó de forma bien audible un "¡*Fucking swedish*!". Los policías volvieron su cuello hasta la mesa de *snooker*, el malhablado apuraba una jarra de cerveza mientras sus compañeros se afanaban en introducir bolas en los agujeros con redecillas. El canal de deportes, casi sin transición, empezó a ofrecer una carrera de coches americanos, monoplazas parecidos a los de la fórmula uno dando vueltas a un circuito elíptico; un deporte carente de interés e incomprensible para los presentes, poco a poco los televidentes desviaron su atención de las pantallas.

Galán despertó de la "hipnosis", tuvo que restregarse los ojos con los índices de ambas manos para intentar salir de su aletargamiento. Miró a Polvillo fijamente, cogió su vaso de la mesa baja y consumió el resto que le quedaba: "Ahora, amigo, usted nos va contar la verdad". El inspector utilizó un tono lento, cadencioso, transmitiendo mucha seguridad, incluso jugó con la entonación para recalcar lo que más le interesaba. Polvillo lo escuchó atento frunciendo el ceño. "¿Y qué le hace pensar que yo le estoy mintiendo?", dijo al mismo tiempo que su cara volvía a la normalidad. "El dinero. Y básicamente que no somos gilipollas". El rostro del topógrafo volvió a adquirir algo de tensión. Galán continuó: "Estoy a punto de jubilarme, imagínese a cuántos como usted he interrogado. Llámelo intuición, llámelo experiencia o llámelo como quiera, yo sé cuándo alguien me miente o me cuenta verdades a medias. Sus gestos, su forma de hablar, el movimiento de sus manos... siempre hay algo que delata al mentiroso; por no hablar de las contradicciones en que caen a poco que se les aprieta". Polvillo movió la cabeza de lado a lado, cerró los labios un segundo para incidir en su negación, y en voz alta dijo: "No me joda, inspector... ¡Yo no miento! Déjese de historias". Galán respiró profundamente, parecía coger fuerzas: "Vamos, vamos... Usted es alguien bien considerado, no hay más que verle. Parte de su éxito radica en la confianza que genera. Usted vende su competencia para resolver problemas técnicos. Imagínese por un momento lo que le supondría verse relacionado con este turbio asunto de la muerte de Lavargas —el inspector chasqueó con la lengua torciendo el gesto—. Lo podemos detener ahora mismo si queremos, sin ningún problema. ¿Usted no querrá visitar los calabozos de la comisaría? Le aseguro que es un lugar sórdido, nada recomendable. Y mientras le ponemos a disposición judicial lo más tarde posible, haremos una llamada a algún periodista amigo, de esos que nos deben favores, y su nombre aparecerá en *El Sol* de mañana o pasado. Bueno, las iniciales de su nombre, acompañada de tantos datos accesorios que será fácil identificarle. Puede que el juez lo suelte enseguida, o lo cite simplemente en calidad de testigo, y dará igual, dará exactamente igual porque usted ya estará manchado el resto de su vida, en lo personal y profesional. Le faltarán horas al día en los próximos años para explicarles a unos y a otros que usted no hizo nada, inocente al cien por cien, incluso podrá explayarse si quiere, aunque ya no le valga para nada, con el comportamiento de la policía". "Ustedes no van a hacer nada de eso", comentó Polvillo con un mohín de desaprobación, y añadió: "No creo que la policía actúe de esa forma, imposible". Galán, raudo, respondió: "Lo dignifica pensar bien de nosotros, ya lo creo, me enorgullece esa fe ciega que como ciudadano tiene en el Cuerpo. Debe de comprender también que en todos los colectivos siempre hay excepciones. Frente a usted tiene una. Una excepción que no dudaría ni un segundo en joderle vivo con tal de encontrar lo que busca". El inspector se retrepó en el sillón, dirigió una mirada a Purroy, y éste comprendió inmediatamente su significado. Sergio se puso de pie y sacó unas esposas de su bolsillo posterior, con un gesto indicó al topógrafo que se pusiera de pie. P.J. Polvillo se quedó helado, de una palidez que asustaba: "Un momento, un momento... voy a llamar a mi abogado, a ver si a esta hora me coge el móvil. Supongo que no les importará". Los policías le dieron permiso, así que el amenazado se levantó del sillón para alejarse de la mesa buscando algo de intimidad en su comunicación telefónica. En dos minutos colgó. Se plantó frente a Galán y secamente dijo: "Usucapión".

XXIX

Toqué varias veces en el vídeo-portero. El portalón de hierro forjado se abrió sin que nadie me dijera nada, un ruidillo estridente activó su apertura. El corto pasillo de entrada tenía a ambos lados parterres de rosas, más allá césped de un verde intenso delimitaba un coqueto jardín con dama de noche olorosa y un níspero que tenía un enanito de cerámica multicolor apoyado en su tronco, un par de jazmines trepaban por las columnas que flanqueaban una puerta de seguridad que estaba entornada. Con cuidado penetré en el chalet, el recibidor tenía los percheros atestados de abrigos, al fondo del corredor se escuchaban voces. Si la casa por fuera daba la impresión de querer ser ejemplo de líneas limpias, buscando la simpleza en un estilo *ranch-house* californiano, tan en boga durante un tiempo en Bella, por dentro no desmerecía ese modelo, más bien lo completaba de forma perfecta: blancas paredes, jarapas, decoración étnica y muebles mexicanos artesanales. Pude fijarme en esos detalles del largo corredor porque temía plantarme en el salón principal de la casa, buscaba en mi mente una excusa que me permitiera salir airoso del trance de tener que contar a alguien qué carajo hacía allí. Respiré hondo cuando entré al salón. Era enorme, a un lado varias mesas de póker entretenían a una docena de individuos que fumaban puros y cigarrillos y que con la luz directa de una lámpara enfocándoles desde arriba formaban con el humo que exhalaban una especie de hongo radioactivo. En el otro lado, dos inmensos sofás en forma de ele se disponían en torno a una gran pantalla de televisión. Cuatro hombres de mediana edad, sin chaqueta y descorbatados, que daban la impresión de que acababan de salir del trabajo, miraban embelesados un partido de *curling* femenino. Nadie advirtió mi presencia, cada uno estaba en su mundo. De pronto, el sonido de un váter me hizo volverme, una puerta detrás de mí se abrió, y un tipo con tirantes y camisa celeste y cuello blanco salió sacudiéndose las manos mojadas. Me saludó con un "hola" flojito y de compromiso, para a continuación alzar su voz y comentar que no había toallas en el cuarto de baño, vano apunte que no encontró eco en nadie. Hube de apartarme deprisa del aseo, toallas no habría, pero el de los tirantes, tal vez en compensación, dejó un olor nauseabundo que me obligó a cerrar la puerta del habitáculo antes de que el tufo de su deposición me tumbase. Caminé por entre las animadas mesas de póker y los muermos de los sofás hasta lo que parecía un porche que daba a la parte principal del jardín. Al salir, unos cuantos señores de mediana edad sentados en sillas de ratán conversaban en torno a una mesa baja llena de copas. Al verme me saludaron de forma mecánica. El porche, amplísimo, estaba en altura aprovechando el desnivel del terreno, asomado a la balaustrada veía la pequeña piscina iluminada en medio del césped sin más árboles ni otra decoración floral que algunas buganvillas de diferentes colores que se apoyaban en el muro que delimitaba la casa. Chispeaba y soplaba un poco de viento, aunque allí se estaba ciertamente resguardado. Me alejé lo más posible del grupo, sin salir del porche, hasta encontrar acomodo en un banco de jardín con mullidos cojines.

Rogelio se dirigió hacia mí sin decir palabra, vi como avanzaba despacio hasta ponerse delante de mi asiento. Me miró fijamente unos segundos cerrando más su ojo izquierdo, yo conocía bastante bien esa señal de desaprobación tan suya. Cogió otra silla de ratán y se sentó. No sé cómo me vio entrar, no sé de dónde salió. Hubiese jurado que no estaba entre los que jugaban al póker ni formaba parte de los amantes del *curling*.

—¿Qué coño hace usted aquí? —me soltó a bocajarro, molesto por mi presencia en ese escenario.

No sentía ganas de explayarme con el promotor. Estaba cansado de dar explicaciones, de contar mi historia con Lupita. Me limité a pronunciar dos palabras, si el receptor del mensaje lo comprendía sería fantástico, en caso contrario me levantaría y me iría por donde había venido.

—Lupita Lavargas.

Rogelio tomó aire hasta llenar su pecho, levantó su cabeza y comenzó a exhalar por su boca lo acumulado en sus pulmones. Cuando terminó ese ejercicio de relajación, de paciencia, comentó:

—Usted le tiene apego a los líos. Va a meter los pies en un buen charco lleno de barro y de mierda.

—¿Qué sabe? —interrogué yo.

—Lo que todos. Ella trabajó aquí un tiempo.

—Usted era la última persona que yo imaginaba en un sitio como éste, francamente.

—No me gustan estos saraos, me veo obligado a venir porque aquí está la gente que controla Bella: los mejores abogados, empresarios, conseguidores, funcionarios influyentes y demás ralea que viven por y para el dinero, entre los que me incluyo yo, para qué vamos a engañarnos. Ahora nos ha dado por reunirnos en este chalet, como antes lo hacíamos en el casino o en la casa del millonario de turno. No se olvide de una cosa: en este país la riqueza no se hace trabajando, no, ya lo creo que no, se hace a base de buenos contactos y relaciones. Es triste, ya lo sé, aunque es la pura verdad, se lo digo por experiencia. Yo se lo cuento cada vez que nos vemos; sin influencias, yo no hubiese amasado la fortuna que tengo.

—¿Cuál es el funcionamiento de este sitio?, ¿no entiendo nada? —pregunté ahíto de curiosidad.

—Pues no debe funcionar muy bien cuando usted puede entrar hasta la cocina y nadie le dice nada. Supongo que han relajado un poco el control que había al principio, esto se abrió hará dos o tres años. Creo que se financia con las mesas de póker y las bebidas que se consumen. Y creo, también, que el sitio no es más que otro negocio de Roque Barrachina, el Gordo del Club Notorius, a quien dicho sea de paso yo jamás he visto por aquí. Hay un par de filipinos que se encargan de todo, igual te los encuentras cortando el césped que sirviendo un whisky —Rogelio apuró un brebaje marrón servido en vaso ancho—. Ah, los filipinos, qué buena mano de obra, otros deberían aprender... —acertó a decir en un rasgo de racismo primario muy propio de él, tras lo cual se pasó una mano por la boca para dejar bien secos sus labios mojados por el alcohol recién consumido.

—Sigo sin enterarme de nada. Y no sé si aquí podré sacar algo en claro sobre la suerte de Lupita —comenté defraudado por lo infructuoso de mis esfuerzos en la búsqueda de respuestas para solucionar su enigmática muerte.

—¿La suerte de Lupita, dice? ¡Usted está majareta! ¿Era su novio? ¿Su chulo? ¿Un amigo?¿Se la follaba? Usted vive en un mundo que no es éste, ¡hombre de Dios! —exclamó Rogelio con innegable conmiseración—. Siga en su oficina, con su libretita, sus biografías y sus libros. Mentar a esa mujer es mentar ruina, se lo digo yo. ¿No está muerta? Pues ya nadie la va a resucitar.

—Usted no lo comprende, esa chica...

Rogelio, el promotor-constructor, me cortó en seco:

—Mire, le tengo un poco de aprecio. Además, usted sabe que yo soy una persona muy práctica a la que no le gustaría que se perdieran las horas que hemos echado juntos a cuenta de mi biografía. Así que hágame caso, olvide a esa chica. Estaba metida en asuntos feos con gente sin escrúpulos. Uno escucha rumores aquí y allá, frases sueltas, comentarios que por sí solos no tienen valor, pero si juntas esos trozos sale una historia que a mí no me gusta nada.

—Luego, ¿usted sabe algo?

—Más que saber, intuyo. Y como no dispongo de pruebas, y tampoco me interesa el asunto ni quiero verlo a usted pringado en él, esta conversación se ha terminado.

Rogelio impuso su criterio sin más. Así había hecho sus millones, así era él en la vida: resolutivo. Me cogió del brazo y me levantó de mi silla, me pidió que lo acompañara con un tono que era más bien de ordeno y mando. Atravesamos el salón, volví la vista al televisor, el canal de deportes había pasado a retransmitir una carrera de la fórmula *indy* americana. Los dos sofás estaban vacíos, los aficionados al *curling* femenino no compartían el mismo gusto por el incomprensible mundo del motor americano. Por el contrario, las mesas de póker estaban desbordadas, no había un hueco, y seguían con su humareda a modo de experimento nuclear en el desierto de Nevada.

Rogelio, al salir a la calle, vio el taxi aparcado a pocos metros y levantó su mano para llamarlo. El coche se desplazó hasta ponerse a nuestra altura.

—Si usted sabe, o mejor dicho, intuye lo que ha pasado, seguro que otros lo "intuyen" también, y no creo que la policía tarde mucho en desentrañar lo ocurrido —le dije mirándolo fijamente a los ojos.

—Víctor, usted es muy pesado, y muy inocente, también. Que esa chica estaba metida en rollos raros lo sabe media Bella. No le bastaba con ser sólo puta, no —Rogelio recalcó la negación—, era ambiciosa y quiso ampliar su campo de negocios. Ahí es donde "intuyo" que la cagó. ¿Me entiende?

La lluvia fina, pertinaz, nos estaba calando. A la pregunta final de mi interlocutor negué con la cabeza. Rogelio me abrió rápido la puerta del taxi, me invitaba a marcharme del sitio. Sonaba muy bajito una pieza de jazz cuando me introduje en el vehículo, ya acomodado me concentré en la música, no me cabía duda, era la perfecta y sublime *Moanin'* de Charles Mingus.

XXX

P.J. Polvillo tomó de nuevo asiento. De inmediato localizó con la vista al renuente camarero, con un gesto del índice pidió a distancia otra ronda. Acariciaba su vaso vacío cuando empezó a dar una lección magistral sobre la usucapión. Básicamente, según entendieron los policías, era una figura legal que permitía a una persona ser legítimo propietario de un bien inmueble si demostraba que lo había poseído de forma pacífica durante un determinado plazo de tiempo. Polvillo estuvo un cuarto de hora hablando de la usucapión, desde su origen en el Derecho Romano hasta las dificultades que hoy en día encontraba eso que los juristas a veces preferían llamar prescripción positiva o adquisitiva.

—¿Y? —preguntó Galán tras comprobar que Polvillo ya no podía estrujar más el tema—. Vaya al grano, asócieme a la muerta con lo que nos ha contado.

—Mire, yo… cómo se lo explicaría… —el geómetra no encontraba palabras para definir esa relación.

—Yo le voy a ayudar —dijo el interrogador—. Lupita se quedaba con propiedades mediante la usucapión, ¿no?

El testigo —por el momento— afirmó con la cabeza. Después comentó que su relación comercial con Lupita no era tan fácil de explicar. Ella apareció un día por su despacho y le habló de una finca cerca del Puerto que quería medir para obtener un plano que permitiría legalizarla a su nombre.

—A mí no me cuadraba lo que me pedía. La finca era un dulce, en medio de una urbanización ya prácticamente construida, bien delimitada y de alto valor. No se ajustaba mucho al perfil típico de la usucapión, algo más perdido de la mano de Dios, más rural. A una parcela de ese precio su dueño no la iba a dejar escapar así como así.

Polvillo se bebió casi de un trago el *gintonic* que le quedaba. Los policías no abrieron la boca, les bastó ese silencio incómodo e imperativo para que continuara presto.

—Sus legítimos propietarios eran un matrimonio finlandés que escrituró la parcela cuando se urbanizaba la zona, o sea, hacía más de treinta y cinco años. Yo hice mi trabajo lo mejor que pude, de una manera aséptica, sin pillarme los dedos: planito multicolor e informe técnico sin obviar nada. Evidentemente, le comenté a Lupita lo de los propietarios finlandeses y lo incierto que me parecía a mí que ella fuese capaz de demostrar que ocupaba la finca los años que la ley considera necesarios para la prescripción positiva. Me dijo que no me preocupase, que ella conocía a "gente importante" que ya lo arreglaría; además, ella sabía que los finlandeses hacía años que habían muerto sin herederos conocidos. Por esas fechas le medí también dos o tres propiedades más con la misma intención de usucapirlas.

—¿Diez mil euros? —Galán de nuevo insistía.

—¡Y dale con los diez mil euros! —Al geómetra le molestaba mucho hablar de dinero—. Más le tenía que haber cobrado, nunca puso pegas a mis honorarios.

—¿Cómo eran los otros terrenos que midió? —esta vez fue Purroy quien interrogó.

—Tenían el mismo patrón: típicas parcelas abandonadas que fueron compradas hace muchísimos años por extranjeros. Creo que habían sido embargadas o iban a serlo en algún momento porque no pagaban los impuestos y tasas municipales, o los gastos de comunidad cuando los había, porque era imposible localizar a sus dueños.

Los policías le formularon la pregunta clave.

—¿Que cómo ponía a su nombre ese suelo? Esa es la pregunta del millón, a mí también me hubiese gustado saberlo —P.J. se retrepó en el sillón—. Estamos hablando de terrenos que pueden valer hoy a precio de mercado en torno a los cinco millones de euros. Eso es mucho, mucho dinero.

—Seguro que usted tiene una teoría para explicar eso —Galán parecía conocer al topógrafo.

—Desde luego. Yo si quiere se la cuento a ustedes en confianza. Que quede claro que si me ponen delante de un juez juraré sobre la Biblia, si hace falta, que nunca les dije nada, ¿de acuerdo?

Los policías de nuevo asintieron.

—Nosotros los topógrafos-geómetras somos cartesianos, y yo les voy a regalar un puñado de suposiciones que no aguantan un mínimo examen riguroso, me obligan ustedes a moverme en un mundo de especulaciones que no es el mío, sinceramente.

—Por Dios, abrevie —fue instado por el inspector, ya casi en el límite de su paciencia ante tanto pudor técnico.

—Yo pienso que esa chica no era más que la punta del iceberg de una gran trama. Esto debe de empezar forzosamente con algún o algunos avispados que saben de parcelas que llevan años abandonadas, dueños que por mil razones desaparecen, y si mueren, ningún heredero, si los hay, reclama sus bienes. Pasa más a menudo de lo que pensamos. Quien o quienes sean están muy atentos; normalmente estas propiedades, como ya les he dicho, no pagan sus impuestos o gastos de comunidad, así que algunas son embargadas, pero en nuestro caso antes de ejecutarse esos embargos creo que se ponía el dinero. Supongo, sin pruebas, que era Lupita y su "gente importante" quienes liquidaban lo adeudado. Ahora bien, pagar deudas atrasadas de un predio no implica que te lo puedas quedar. Lo incomprensible para mí es saber de qué manera se las ingeniaba Lupita, o su organización, para ser propietaria, no sé cómo demostraba haber poseído las fincas el tiempo que marca la ley para que se consuma la usucapión.

—¿Alguien desde dentro le ayudaba? —preguntó Galán.

—El sistema aunque imperfecto y desfasado funciona. Catastro, Registro de la Propiedad, Ayuntamiento, notarios y juzgados son los eslabones de una larga cadena a recorrer si se quiere legalizar esa apropiación reglada, ya que la usucapión no es más que eso. Yo puedo entender que haya un funcionario, un empleado del registro o un oficial de notaría que se deje sobornar, que esté en la pomada; más complicado parece que todos los eslabones sean comprados. Desde luego, chanchullos más raros hemos visto estos últimos años en Bella a cuenta del urbanismo.

—Pues sí —afirmó Galán.

—Yo vivo en parte de los pequeños o grandes fallos del sistema, ustedes no se imaginan lo que da de sí un asunto de lindes —Polvillo sonrió, se había quitado con la confesión un peso de encima y se permitía hasta pequeñas ironías.

—Sería factible pensar que la chica actuaba como testaferro de una banda dedicada a esos menesteres. Ese trabajo suele traer problemas de codicia y desconfianza. Puede que ahí esté la explicación de esta extraña muerte —Galán reflexionó en voz alta.

El inspector se levantó del sillón extendiendo la mano a P.J. Polvillo. El saludo de despedida se alargó hasta que Galán terminó de agradecerle su colaboración y le aconsejó que estuviera localizable. Purroy también le estrechó la mano sin decir una palabra.

XXXI

Mi taxista fue fiel a su palabra y, tal y como me había prometido, me esperó en la puerta. Cualquier otro me hubiese preguntado ansioso qué me había acontecido allí adentro; él, curiosamente, permaneció callado, sólo intercambió una mirada por el retrovisor enarcando las cejas, lo tranquilicé con un "bien, todo bien". Quizás estuviésemos llegando a un punto de complicidad donde el silencio que se establecía entre ambos no era más que una muestra de la amistad verdadera, de la amistad desnuda de palabras vacuas y fatuas conversaciones. Él sabía de sobra que yo tarde o temprano le contaría cuanto había pasado en el chalet.

Le pedí que me llevase a algún bar para comer algo o tomar un café. Eran las tres y media de la madrugada. Junto a la estación de autobuses, a la entrada de SPA, había una cafetería abierta que respondía al nombre de 24 horas. El luminoso de la fachada tenía apagadas la mayoría de sus luces fluorescentes, una falta de mantenimiento que ya presagiaba lo peor. Dentro observé que el local era grande, estaba dividido por la mitad, a la izquierda un montón de billares de diferentes tipos y al otro lado el bar propiamente dicho. Nos acomodamos en una mesa que con sus altos bancos de cuero rojo pretendía imitar a las cafeterías de las películas americanas. El lugar daba la impresión de estar un poco pringoso, grasiento, sucio. El taxista cogió una servilleta de papel para limpiar la mesa, en ese momento llegó el camarero y ni se inmutó. Mientras traían nuestros cafés observamos discretamente a la clientela del establecimiento, se correspondía al perfil de lo que mi padre decía que uno se encontraba a esas horas: putas, borrachos y maricones. No me pareció ver ningún invertido, y si lo había no lo aparentaba al modo locaza; a cambio, supongo que habría algún drogado o camellillo del tres al cuarto, noctámbulos que habían desplazado de la trilogía maldita de la época de mi progenitor a los homosexuales, por aquello de que este país se había convertido en un enorme *gay friendly*. La media docena de clientes del negocio permanecían silenciosos observando una gran pantalla que en ese momento ofrecía una competición de voley playa femenino, nada que ver con el asexuado *curling* o la aburrida formula *indy*. Una buscona barata rompía la calma del local. Era la típica putilla de bar de carretera o estación de autobuses que con una desagradable voz nasal molestaba a los concentrados televidentes acosando con desparpajo a un viejo que gustoso se dejaba hacer, aunque no era presa tan fácil, pues el anciano desdentado se limitaba a bromear sin concretar nada, lo que sacaba de sus casillas a la del pelo ralo y dejada vestimenta. El resto de la fauna humana del negocio se resumía en una palabra: perdedores. Al observar sus rostros insomnes, malhumorados y sin afeitar le daban a uno ganas de salir corriendo del antro no fuese a sucumbir al letal destino de los allí presentes. Justo cuando el desmotivado camarero nos trajo los cafés, hizo aparición por la puerta un trío de extranjeros que con sus rubicundas caras, sus tambaleos y sus voces estúpidas mostraban sin pudor su enorme borrachera. Mi padre, una vez más, llevaba razón. Pidieron unas cervezas y se fueron a jugar al billar. La buscona se acercó al que llevaba una camiseta de rugby de la selección escocesa y le susurró algo al oído, el pelirrojo la apartó de su lado con un empujón, la mujer volvió presurosa a su sitio en la barra para continuar dando la lata al viejo y también, desgraciadamente, al resto de los clientes que teníamos que aguantar sus soeces salidas fuera de tono con alguna dedicatoria "al guiri asqueroso" que la había humillado. De fondo, se escuchó un estentóreo "¡*Fuck off bitch*!", de seguido sonó contundente el golpe de la bola blanca chocando contra el resto de las bolas que componían el triángulo de apertura.

    Relaté a mi acompañante lo del chalet. El taxista permaneció callado durante la narración de los hechos, cuando terminé me dijo que, como gran lector de novela negra, él creía en eso de que el asesino siempre vuelve al lugar del crimen. Pensó que sería una buena idea volver al Notorius. Yo, en cambio, pensé que no me había equivocado al juzgarlo la primera vez como un devora-libros de parada de taxis.

    Con gusto salimos del 24 horas. Sitios así sirven para que uno no tenga la tentación de desfallecer, te empujan a seguir con la lucha diaria para no caer en el abismo de la mirada perdida y los sueños desvanecidos.

Tranquilos, con calma, nos montamos en el taxi camino del Notorius.

XXXII

Los policías se introdujeron en el descapotable encapotado, el amenazante cielo de esa noche obligaba. Había llovido débilmente y la acumulación de nubes anunciaba una posible tormenta en ciernes. Galán arrancó el vehículo; la radio sonó fuerte, una locutora hablaba de sexo. Los dos permanecieron callados dentro del coche que no avanzaba. Purroy estaba destrozado, ya no aguantaba tantas horas seguidas sin descansar, de un tiempo a esta parte sus nervios estaban deshechos y su sueño era discontinuo, jornadas como ésta no hacían más que añadir tensión a su estresada mente. Galán apagó la radio cuando una radioyente explicaba su problema de lubricación al inicio del coito.

—Se me ocurre que el Gordo del Notorius nos podría aclarar los negocios inmobiliarios de Lavargas —la voz del inspector también denotaba cansancio.

Serge Purroy, como a veces gustaba llamarlo su afrancesado compañero, comentó que necesitaba echar una cabezada, que lo llevara donde quisiera, a la par que accionaba la ruedecilla que bajaba el respaldo del asiento. Antes de que el coche saliera de SPA por la N-340 en dirección al Notorius, Serge comenzó a emitir pequeños ronquidos regulares. Su compañero lo miró, si hubiera tenido una mantita a mano se la habría echado por encima, por un momento le recordó el sueño profundo en que se sumían sus hijas cuando eran pequeñas tras recogerlas de sus actividades extraescolares y enfilaban la primera curva del camino.

El inspector aparcó a una distancia prudencial de la entrada del club. Desde allí se controlaba perfectamente a quienes entraban y salían sin ser vistos, la calle tenía pendiente, y ellos estaban en el final de su tramo descendente. Dejó que su compañero continuase su plácido sueño. Él se puso la boquilla de baquelita en la boca, encendió de nuevo la radio y se desperezó un poco. Continuaba el programa de sexo, una oyente hablaba del tamaño descomunal del miembro viril de su pareja, la locutora con una voz muy sensual aclaró que el tamaño era lo de menos en la relación sexual, algo que no sentó nada bien a la que llamaba por teléfono, la mujer disentía y lo hacía desde la experiencia de sus muchos amantes. Galán no dio más margen de confianza al programa, cambió de dial hasta dar con una cadena que emitía música de jazz.

    El cristal se llenaba de vaho, hubo de dirigir el aire caliente del climatizador hacia la luna frontal, continuaba la llovizna y de cuando en cuando era necesario utilizar el ruidoso limpiaparabrisas. Sobre las cuatro se marcharon los últimos clientes, algunos en su coche, y otros en taxis que formaban una larga fila a la caza de los viajeros que a esas horas y en esa desapacible noche no eran precisamente abundantes. A las cuatro y cuarto empezaron a salir las meretrices en pequeños grupos; las que no cogieron sus vehículos o taxis eran esperadas por algún amigo, amante, pareja o cornudo de turno para llevarlas donde fuera. Terminado ese pequeño trasiego, el lugar volvió a la tranquilidad. Había dejado de llover. Por último, unos minutos más tarde, salieron los empleados masculinos del club, camareros y vigilantes de seguridad, también el pianista. Después de esa estampida se restableció la paz. El inspector estuvo tentado de salir del coche para comprobar qué hacía allí un solitario taxi con la luz de servicio apagada, se encontraba en el otro extremo de la larga cuesta que era la calle del Notorius. En medio de los dos coches, el taxi y el deportivo de Galán, se encontraba un rutilante 4x4 de carrocería negra último modelo, el cual hacía guardia en la entrada de los dominios de Barrachina. Dos tipos esperaban dentro. Al apagarse la luz del cartel del club, uno de los guardaespaldas se bajó del auto para abrir la puerta principal del negocio. El propietario salió acompañado de otro hombre, ambos hablaban o discutían. El inspector vio en ese momento una extraña sombra que salía de un contenedor de plástico para la basura que se encontraba equidistante de ellos y el todoterreno, a unos cincuenta metros. En un acto reflejo abrió corriendo la puerta del descapotable, ni tiempo le dio de sacar su revólver cuando el sicario vestido de negro y con un fusil de asalto comenzó a disparar contra el Gordo y sus acompañantes. Galán le pegó una voz antes de accionar el gatillo y vaciar el cargador. Las balas del inspector rozaron el contenedor, el portador del Ak-47 volvió su arma hasta el descapotable y soltó una única ráfaga, tal vez sorprendido por la presencia de un enemigo a sus espaldas. Fueron providenciales los segundos perdidos, pues una lluvia de balas le vino de los guardaespaldas de Barrachina, estaba pillado por ambos flancos. El de negro saltó hacia el zaguán de una mansión sin cesar de disparar. Destrozó a balazos la cerradura del portón de entrada y accedió a la finca. El sonido ensordecedor de una alarma se añadió a la escena. Unos perros de la vivienda ladraron unos segundos, sus ladridos venían de la casa asaltada, pronto callaron, la ráfaga que se oyó debió de ser certera.

Purroy reaccionó al oír el ruido de las balas silbando a su alrededor, se levantó del asiento, abrió la puerta y disparó su arma junto con su compañero al sitio desde donde recibían los tiros.

Los policías corrieron tras el asesino profesional en cuanto cruzó el umbral de la mansión. El enorme jardín de la casa estaba poco iluminado, la oscuridad se tragó al perseguido. Una luz se encendió en la primera planta de la casa; enseguida, un señor mayor con bata de seda abrió la puerta principal de la mansión con una escopeta de caza en ristre. Sin decir nada pegó un tiro al aire. Los policías, a quienes apuntaba el anciano, se identificaron como buenamente pudieron, el viejo callaba, parecía no creer lo que le contaban. Fueron unos segundos de tensión hasta que por el portón del garaje llegaron los guardaespaldas de Roque Barrachina con su protegido. Los tres portaban pistolas automáticas, el Gordo respiraba con dificultad por el esfuerzo realizado, se apoyó en el muro y sacó un pañuelo para secarse el abundante sudor de su frente. El de la escopeta de perdigones bajó el arma, no sin antes maldecir su mala suerte. Los policías descubrieron con alivio que, en principio, no había bajas. Casi de inmediato apareció otro fulano empuñando un revólver, por su vestimenta no era precisamente el acompañante del dueño del Notorius. Para completar la escena, y ante el pasmo de los policías, Víctor H. del Castillo se sumó al grupo de los congregados.

XXXIII

Aparcamos en un extremo de la calle donde ofrecía sus servicios la más conocida casa de lenocinio de Bella. A fe que lo era por la cantidad de coches aparcados en sus inmediaciones, por no hablar de la interminable fila de taxis que en improvisada parada esperaban ansiosos hacer una carrera en una lluviosa y desapacible noche, quizás la única del día. Tantas horas dentro un taxi acompañando a un taxista forzosamente provocaba mi solidaridad con el depauperado sector, tema de conversación recurrente con sus profesionales al utilizar sus servicios, salvo para mi singular conductor-acompañante. Del que, por cierto, desconocía su nombre, ni siquiera nos tuteábamos.

Pensaba en Yulia, pasadas las horas me embargaba más el sentimiento de haber sido timado o cuanto menos de haber perdido una oportunidad de esas que no hay que dejar escapar.

Mi poco hablador acompañante se cansó de la música barroca que Radio Clásica emitía a esa hora. Cambió a uno de esos programas que durante la madrugada permiten a los radioyentes contar las historias personales más inverosímiles. Una chica explicaba lo mucho que sufría al ser penetrada por su querido novio, padecía problemas de lubricación vaginal. La locutora resultó ser sexóloga, o alguien bastante versada en la materia, ya que le dio unos consejos para evitar semejante problema, al parecer bastante extendido.

Se me hacía raro escuchar un programa de ese talante montado en la parte trasera de un taxi, fuera de servicio y con el conductor callado en el asiento delantero. No era tampoco mala manera de matar los minutos observando las idas y venidas de clientes y empleados a la hora del cierre. La espera se puso un poco tensa cuando mi nuevo amigo subió el volumen para escuchar mejor la llamada de una mujer madura que defendía de forma vehemente a los amantes con una verga de buen tamaño. La sexóloga quiso echar abajo el mito de cuanto más grande mejor; sin embargo, encontró refutación de su teoría en ésa y otras llamadas, para mi pasmo todas ellas de féminas. La discusión tuvo subidas de tono, indignaciones, explicaciones fisiológicas, confidencias íntimas, intercambio de experiencias, reivindicación del placer por el placer... En fin, un repertorio amplio de teorías y opiniones que nos tuvieron entretenidos un buen rato. Nunca pensé que el tema diera para tanto. Me dio también por pensar que a lo mejor el interés de mi compañero de aventuras por esta cuestión obedecía a su posible pertenencia al selecto y envidiado club de los bien dotados: poseía nariz poderosa y pies grandes, lo que normalmente conforman en el hombre la famosa "E", sinónimo de desmesura en sus miembros sobresalientes. La noche empezaba a hacer mella en mi imaginación, la noche siempre confunde.

En esas estábamos cuando vimos que salía del Notorius el propietario hablando con un individuo, así me lo indicó el taxista, y yo lo supuse por lo orondo del personaje. En el momento en que un guardaespaldas le abría la puerta para entrar en su lujoso todoterreno oímos unas ráfagas de ametralladora o fusil de asalto, las balas provocaron chispazos en el vehículo. El guardaespaldas que cubría al dueño lo empujó al interior del coche donde ya se encontraba su acompañante, él se parapetó detrás la puerta y comenzó a disparar, su colega hizo lo mismo desde el otro lado del automóvil. El que comenzó el tiroteo parecía estar en un contenedor de basura o de restos de poda. Del otro lado, de un solitario coche, también disparaban uno o dos individuos; con la confusión del momento no sabía decir si apuntaban al tal Barrachina o al tirador apostado.

"¡Quédese aquí!", en tono imperativo el taxista me compelía a permanecer en el habitáculo. En un visto y no visto desenfundó un pistolón y corrió agachado hasta el 4x4. Mientras corría mostraba una placa voceando algo porque uno de los guardaespaldas se volvió a mirarlo una décima de segundo sin dejar de disparar en la otra dirección. Mi "taxista" llegó hasta la parte de atrás del todoterreno negro, se subió en el parachoques y comenzó también a disparar por encima del techo.

No sabía qué pensar o hacer, hasta que una bala perforó la luna frontal, atravesó el reposacabezas del conductor y vino a alojarse al lado de mi hombro, en la tapicería del asiento trasero. Salí corriendo agachado preso del pánico en dirección del automóvil del dueño del club.

XXXIV

Los policías se desplegaron por el jardín junto a los guardaespaldas y Barrachina. Se asomaron a los muros, pero la oscuridad y maleza de las parcelas adyacentes ayudaron al huido a desaparecer sin dejar rastro alguno.

Víctor H. del Castillo consolaba al matrimonio inglés por los dos perros abatidos que yacían bañados en sangre cerca de la piscina. Luego de hablar con ellos, se dispuso a conversar con su supuesto taxista. Mientras los otros buscaban sin muchas esperanzas al asesino, y el escritor charlaba con los viejos, el taxista no había parado de usar el teléfono móvil. Cuando por fin colgó, Víctor le preguntó directamente:

—¿Taxista?

—Una tapadera como cualquier otra —al terminar la frase encendió un cigarrillo al que le dio una primera calada ansioso.

—¿Policía?

—Algo parecido...

—¿Guardia Civil?

—Lo fui... o en el fondo lo sigo siendo.

—Pues cómo no sea agente del CNI, no se me ocurre otra cosa —dijo algo perdido el escritor.

El taxista que no era taxista asintió.

—No me lo puedo creer —Víctor levantó sus dos brazos para reafirmar su estupefacción—. ¿Y qué hace de taxista?

—Vuelvo a repetírselo. No hay mejor pantalla para espiar que esa, se lo puedo asegurar —tiró la colilla al suelo y la aplastó con fuerza. Había fumado como dicen que fuman los soldados después de una batalla: llenos de ansiedad.

Parecía que iba a explicar todo, desgraciadamente en ese momento llegaron los otros.

Galán se dirigió a los dueños de los perros, que no daban crédito a lo que había pasado en su propiedad. Los instó a meterse dentro de la casa hasta que llegara la policía, la otra policía, la normal, para levantar el atestado del incidente armado.

Los presentes formaron improvisadamente un amplio corro alrededor del inspector.

—Antes de que venga el séptimo de caballería, yo me quiero enterar de dónde narices ha salido tanta gente —dijo el policía malhumorado. Y no era de extrañar: le habían disparado, le habían hecho correr y en su mente había novedades que no cuadraban.

—Usted, inspector, es increíble —dijo Roque Barrachina con ironía. Su respiración aún era agitada—. Les debo una, sin su presencia no sé qué hubiera pasado. Pero ¿qué quiere saber ahora?

—De usted, Barrachina, me encargaré el último y en privado. A ver, el señor que ha surgido de la nada —señaló al agente secreto— pistolón en mano, ¿usted quién es? Víctor, ¿usted no habrá venido con él, verdad? Me temo lo peor.

Sebastián Duarte se presentó mostrando un carnet. Explicó de mala gana que realizaba tareas de contravigilancia, y que hasta ahí podía llegar en su confesión. Si alguien quería saber algo más debía preguntar a sus jefes. De hecho, al terminar su declaración, se despidió sin más. Galán quiso retenerlo, aunque desistió pronto al comprobar que el agente tenía claro que debía huir de la escena del tiroteo. Barrachina se acercó hasta él para agradecerle su intervención. Duarte ni se inmutó, y menos aún cuando el del Notorius le pidió que se pasara por el club cualquier otro día, con guiño amistoso incluido. Víctor, todavía en estado de shock, recibió del agente secreto una palmadita en el hombro. "Me juego lo que sea a que ahora se va a enterar de qué le pasó a su amiguita", le soltó Duarte mordaz. Sin más, dejó el grupo y se encaminó calle arriba a coger su taxi tapadera.

Los primeros coches de la policía con su ruidosa parafernalia comenzaron a llegar al sitio. Los uniformados salían de sus vehículos portando su arma reglamentaria, un aviso de tiroteo no era cualquier broma.

XXXV

El intercambio de disparos no duró ni medio minuto. El frustrado asesino pudo huir sin problemas. La noche, su pericia y estar rodeado de campo le ayudaron a evadirse. No era, desde luego, un aficionado, pese a no haber cobrado su pieza.

Mi taxista se llamaba en realidad Sebastián Duarte, o eso dijo él. Confesó que era agente de los servicios de inteligencia en labores de contravigilancia (?). He de reconocer que ni sabiendo eso se me quitó la cara de tonto. Me preocupaba tener un montón de cabos sin atar. No me consolaba que Galán y su compañero diesen la impresión de estar más perdidos que yo.

Estuvimos más de una hora en la puerta de la casa, venga contar la misma historia por triplicado a la policía. Galán, no sin dificultad, nos sacó de allí, le comentó a sus compañeros que iríamos en unas horas a declarar con nuestros abogados ante el juez de guardia, él empeñaba su palabra. Algunos periodistas empezaban a llegar. Barrachina propuso entonces que tomáramos una copa en su club. Se le notaba entre contento y preocupado. Habían ido a por él, y una vez más había salvado el pellejo. Esa noche tenía motivos para estar tan exultante como preocupado.

Nos sentamos en torno a una mesa, excepto la pareja de guardaespaldas que siguió con su labor de vigilancia y servicio sin bajar la guardia en ningún momento. El del CNI hacía tiempo que se había marchado.

Galán me presentó al Gordo, añadió a mi nombre que yo era un buen amigo de Lupita. Ni se inmutó, me ofreció su mano por educación. Tentado estuve de no estrechársela.

Purroy, de natural callado y prudente, nos sorprendió a todos al formular a Roque Barrachina la primera pregunta. Ni bebidas teníamos en la mesa. Y era obvio que la respuesta no iba a ser fácil. ¿Dónde estaba el individuo que se montó en el todoterreno con él? El Gordo nos demostró que se desenvolvía muy bien en estas situaciones. No nos lo iba a decir, además, qué importancia tenía, alegó. Su incógnito acompañante hizo lo que hacen las personas de bien, según él, irse por patas en cuanto las cosas se ponen feas, y más si hay un tiroteo de por medio. Era un aserto difícil de discutir.

"¿Lupita era testaferro de sus negocios inmobiliarios?", soltó en seco Galán mientras sacaba su boquilla de baquelita y se la colocaba en la boca.

El Gordo se repantingó en el cómodo sillón. "Pongo en duda que sepa de qué está hablando", respondió con seguridad. Terminada su frase, uno de sus guardaespaldas se dispuso a servirnos las bebidas.

"Parece público que Lupita era utilizada por ustedes para sus manejos urbanísticos. Hay gente que tiene documentos, pruebas...", observé yo, acordándome de lo que F. Bayón me había esbozado y ante la mirada atónita de los policías.

"Pruebas dice. Que las lleven a un juzgado. Estoy seguro de que ninguna me incrimina", nos soltó con desparpajo. No era la típica bravuconada. Era, a mí no me cabía duda, una declaración sobre lo que había sido su estricta forma de trabajar durante años: ningún testigo, ninguna prueba. El éxito de sus negocios avalaba esa regla de oro. A él, ni aquí ni en Palermo le iban a dar lecciones de discreción.

"Miren, esta noche han venido a por mí. He salvado la vida de milagro; bueno, de milagro y porque tengo un coche blindado, guardaespaldas y la suerte de que unos policías comenzaron a disparar del otro lado y un agente secreto apareció de la nada. Me siento en deuda con ustedes", nos miró a los tres, nos escrutó a conciencia antes de seguir con su monologo: "¿Lupita? Lupita... Madre mía, la edad me enternece... Le cogí un extraño cariño, he de reconocer que se hacía querer. Siento debilidad por las personas que tienen las ideas claras desde el principio, y ella era ambiciosa y no lo ocultaba. Yo la utilice para, entre otras muchas cosas, ponerla al frente de mis chanchullos con los suelos de Bella. No sé si eso le ha costado la vida o no; ni tampoco sé quien la ha podido matar. Hasta aquí soy capaz de hilar. Sin embargo, estoy convencido de que tarde o temprano sabré quién está detrás de esto. Y cuando me entere no esperaré precisamente a la policía". Barrachina terminó esta afirmación imitando con su mano a una pistola que dispara.

"Sea más explícito. Los detalles son importantes. ¿Los chanchullos del suelo?, ¿a qué se refiere?", era Purroy quien llevaba la voz cantante con el Gordo.

"Nuestra organización se ha estado quedando con alguna que otra parcela de gran valor. Sabíamos que sus legítimos dueños no aparecerían o no las tenían registradas, y a base de triquiñuelas y 'ayudas' conseguimos que las propiedades pasaran a nuestro nombre, bueno en realidad al de Lupita, ya fuera directamente o a través de alguna de las sociedades en paraísos fiscales en las que ella aparecía como administradora. Hemos hecho mucho dinero con ese suelo, mucho, porque en esta época de excesos y de descontrol nunca faltó algún cómplice en el Ayuntamiento que nos echara una mano para incrementar su valor. Nunca veremos años como estos, no, ya lo creo, hemos vivido en una maravillosa burbuja, es una pena que ya empiece a dar signos de debilidad. Nosotros estamos liquidando este sector, somos las ratas del sistema, el barco se va a pique y nos falta tiempo para huir".

Resultó que Roque Barrachina era un excelente narrador. Nos relataba historias que hasta hace unas horas no hubiese contado ni con la más vil tortura. Y lo hacía de forma agradable, con musicalidad y ritmo, con su neutro acento castellano y con algo de suspense para mantener la tensión. A esa hora y en esa madrugada tenía frente a sí un pequeño auditorio que atento le escuchaba. Era evidente que no se saltaría determinados límites, sabía hasta dónde podía llegar. Como era consciente de que existía una complicidad entre los presentes a cuenta de no haber sucumbido a una emboscada que traía a la muerte de compañera. Barrachina saboreaba haberla esquivado. Nos confesó que la suerte lo había acompañado siempre en estos trances, por eso suponía que en algún lado ya estaba escrito que su legendaria *baraka* habría de abandonarle, demasiado uso y abuso de la fortuna en su particular cosmovisión supersticiosa. Ver de cerca a la parca no obligaba a abrirse con franqueza ante unos desconocidos, pero desinhibía, y de qué manera.

Galán y Purroy volvieron a preguntarle sobre la usucapión, un término que a mí me sonaba a chino. El Gordo quiso saber de dónde habían sacado esa información. Los policías no fueron muy explícitos. Barrachina se echó a reír. Les dijo que apuntasen a otros artículos de la Ley Hipotecaria, como el 205. Ante la cara de ignorancia que debimos de poner, Barrachina nos obsequió con una clase gratuita de conocimientos jurídicos sobre el suelo.

"Lo primero y primordial es saber que el suelo no será reclamado. Parcelas de gente muerta hace años, sin herederos conocidos, normalmente extranjeros; o terrenos nunca registrados o inmatriculados. Ustedes hablan de la usucapión, una figura legal que usamos tan sólo una vez con poco éxito, necesitas mucho tiempo y es un auténtico follón. Resulta más sencillo como habitualmente trabajábamos nosotros: te enteras de un terreno no registrado, y vas a una determinada notaría donde alguien de dentro está en la pomada. Lupita levantaba acta firmada por el fedatario público, o eso parecía, que dice que ella es la heredera de ese suelo o algo similar. Luego, que puede ser en el mismo día, la finca la vende a una sociedad nuestra o a algún vendedor amigo. Como ya tienes varios actos documentados puedes acudir al Registro a formalizar tu propiedad, gracias de nuevo a colaboradores que velan porque el proceso discurra por su cauce. Por éste y otros métodos, nos hicimos con un par de joyitas. Aunque la operación más rentable fue medrar con tres grandes parcelas embargadas por el Ayuntamiento por no pagar sus impuestos y que luego salieron a subasta. Allí estábamos nosotros para pujar lo que hiciera falta, fue un dinero que al poco multiplicamos porque sabíamos que los terrenos, en principio no edificables o con poca edificabilidad, serían recalificados con la ayuda bien retribuida de quien manda en el Ayuntamiento, que no le hace ascos a alguien bien conectado, de confianza y con agallas. Un negocio re-don-do".

Ya sabíamos, ya nos habíamos enterado de qué iba la trama en versión Barrachina, a saber qué había de cierto, falso o exagerado.

"Supongo —Purroy de nuevo preguntaba—, que aquellos que ayudaban recibían su correspondiente compensación. Y supongo, también, que en más de uno habrá influido sus relaciones afectuosas con alguna de sus pupilas convenientemente grabadas. ¿Verdad?"

Roque Barrachina movió la cabeza de arriba a abajo: "De todo hay en la viña del señor", dijo. Levantó su vaso a medio terminar y nos recordó que no habíamos brindado. Yo alcé reticente mi copa, tanto como los remisos policías, nos unía la repugnancia de tener que brindar con un rufián de primera, pese a que esa noche estaba resultando de gran ayuda.

"¡Por la vida!". Los cuatro chocamos nuestros vasos y apuramos nuestras bebidas para a continuación levantarnos y salir del antro de perversión. El día comenzaba a alborear, no llovía más aunque apretaba un viento frío desagradable. Las nubes tapaban la montaña que en su ladera nos cobijaba, y el mar lejano apenas se vislumbraba desde la altura privilegiada de esa calle, la neblina y una luz plomiza no ayudaban a regalarnos una visión siempre agradable.

Aún quedaban algunos policías y sus coches patrullas frente a la mansión del tiroteo. Ni rastro de los periodistas.

Me monté en el descapotable de la pareja instado o invitado por ellos. Una bala había penetrado limpia por la luna frontal y se había alojado en el asiento trasero. Galán sacó una cinta gris americana del maletero, con maña tapó por ambos lados el agujero del cristal que había formado una especie de pequeña telaraña a su alrededor. Purroy, lívido al fijarse en el destrozo, comentó que el sueño le había salvado la vida. Entendí a qué se refería cuando accionando la ruedecita lateral empezó a subir el respaldo de su asiento. Esa noche las balas no tenían marcados nuestros nombres.

XXXVI

Fue complicado para Galán quitar de en medio a Barrachina, sus guardaespaldas y al escritor. Prometió a los policías que realizaban la investigación del tiroteo que irían al juzgado y a la comisaría lo antes posible. Un grupo de periodistas y curiosos permanecía detrás del cordón de seguridad instalado a ambos extremos de la calle.

Por iniciativa del dueño del Notorius se fueron a tomar una copa en el club para relajarse un poco. El Gordo debía de rondar la edad de jubilarse; sin embargo, seguía con sus actividades delictivas, era obvio que ya no sabía ni quería vivir de otra forma, pues a buen seguro que había amasado una considerable fortuna después de tantos años actuando al margen de la ley. Esa noche se sinceró al contar los diferentes métodos que utilizaban para quedarse con terrenos ajenos que después vendían a precio de oro. En ese negocio ilegal, Lupita formaba parte del engranaje para obtener los suelos. Barrachina acostumbraba a hablar en plural, como si detrás de él hubiese una organización criminal. Y esa noche, el Gordo hablaba y hablaba porque según él se sentía agradecido con la pareja de policías por lo que habían hecho durante el enfrentamiento armado. Había un punto de insensatez en sus confesiones, podían ser utilizadas en su contra, pensaron los policías. Tal vez creyese el hampón que ya poco le podía afectar, o que conversaba en confianza con gente que no iba a utilizar en su contra cuanto descubría, que además era de suma utilidad para resolver la muerte de Lupita.

Todo parecía muy creíble. En ese ambiente distendido, los agentes no se atrevieron a formular demasiadas preguntas, no querían parecer interrogadores sin escrúpulos. En esa media hora alrededor de la mesa baja habían obtenido información suficiente para hacerse una idea general de dónde estaba metida Lavargas. Las causas de su muerte y quién o quiénes estaban detrás seguían siendo un misterio.

Con ese convencimiento salieron al alba del Notorius, no sin antes obtener la palabra del Gordo de que se presentaría en la comisaría en un par de horas. Un viento que helaba los recibió en la puerta del club. El naciente día vestía de gris azulado, no ayudaba precisamente a levantar el espíritu.

El inspector le pidió a Víctor H. que se montara con ellos en el coche. Al acercarse se percataron de una bala que, habiendo entrado por la luna frontal, se había incrustado en la tapicería del asiento trasero, justo del lado del acompañante. Galán movió la cabeza de lado a lado. Purroy pensó en el encuentro con el Gran Maxi, "el futuro lo escribimos nosotros mismos, hasta cuando soñamos", le había dicho después de aconsejarle que tuviese cuidado. Por suerte para Sergio, tras una chapucera reparación de la luna, se metieron rápidos en el descapotable, se encontraba mal, un sudor frío le recorría la cara, algo le estaba pasando, puede que una bajada de tensión o una lipotimia. Prefirió permanecer callado, no era la primera vez que se sentía así, abrió la ventanilla y el fresco que entraba le ayudó a pasar el trance. Sólo pensaba en sus hijas.

Galán conducía concentrado, le hacía falta un café para vencer el cansancio que lo agobiaba. Quedaban dos horas para contarle al comisario algo de enjundia. Tenían suficiente información para pasar con nota el examen, aunque faltaba lo más importante, saber quién estaba implicado en la muerte de Lupita. El inspector pensó en tirar la toalla, era imposible resolver ese asesinato en veinticuatro horas.

Pararon de nuevo en la Venta Los Pacos. Víctor no había abierto la boca en todo el trayecto. Purroy seguía teniendo mala cara, como se lo hizo notar Galán, al que no se le iba una.

Eran las seis de la madrugada y allí dentro estaba media plantilla del ayuntamiento. Al menos media docena de operarios de limpieza con los típicos uniformes azul marino con rayas fluorescentes, cuatro bomberos y hasta una pareja de policías municipales. Además de los típicos insomnes que desde esa temprana hora se están machacando el cuerpo a base de carajillos y copazos de aguardiente. El desapacible día invitaba a calentarse el cuerpo copiando a los asiduos del negocio.

Alrededor de una mesa retirada del barullo se sentaron callados los tres. Víctor apretó con sus manos el humeante vaso de cristal, no quería que el calor que desprendía el carajillo se le escapase. Galán lo escrutó unos segundos antes de comenzar el bombardeo de preguntas.

"Pare, pare, pare... inspector, que lo veo venir. No tengo ni repuñetera idea de dónde salió Sebastián Duarte, a mí me la ha jugado igual que a ustedes. Sigo sin comprender cómo acabé en sus redes, primero fui su cliente y después su confidente. Esta noche ha habido un momento en que le hubiese confiado mi vida, le hubiese dado cuanto poseo, ustedes no se imaginan el grado de confianza que habíamos llegado a establecer. Y después resulta que el fulano es agente secreto. ¡Manda huevos!".

"¡Que no se lo cree! Pues me puede torturar si quiere que no cambiaré la versión. Sí, inspector, sí, desde el silencio y en pocas horas también se establecen amistades profundas, y me importa un carajo que usted no se lo crea".

"Es un periodista de los de antes. Una lástima que no lo conozcan. Fue él quien me puso tras la pista del Gordo Barrachina... En mi primera visita tuve el buen gusto de no cruzármelo; a cambio, Yulia, la más que amiga de Lupita, me sacó trescientos euros del ala sin haberme hecho ni una mala paja... Hombre, no se rían, menos mal que con el susto del tiroteo se me ha ido la rabia que tenía a cuenta de eso...".

"Mierda", exclamó Galán poniéndose de pie. "Hemos metido la pata hasta el fondo. Vámonos ya".

El trío salió presuroso. Galán apretó el acelerador sin que Víctor y Purroy estuviesen acomodados. El conductor movía la cabeza de lado a lado. "Le hemos dado una pista de oro a Barrachina. Espero que lleguemos antes", dijo alterado. Su compañero alzó sus manos y le preguntó de qué estaba hablando. "El topógrafo. No has visto la cara que ha puesto, no has visto la sonrisa que ha echado. Nos ha trabajado bien el muy ladino, nos estaba soltando carrete, pero él buscaba también pescar. Si estoy en lo cierto, es un error imperdonable, no creo que me falle mi intuición". Purroy dio a entender que no comprendía nada. "Nunca dijimos su nombre, ni tan siquiera lo nombramos por su profesión. Contamos que sabíamos únicamente lo de la usucapión". Entonces Galán se volvió a Purroy: "Alma cándida, más que suficiente. El Gordo seguro que lo relaciona con P.J., no creo yo que haya mucha gente que te hable de la... cómo era... de la prescripción positiva. Lo hemos puesto en peligro, ojalá lleguemos antes que él o los suyos".

XXXVII

Me llevaron a la emboscada de la Venta Los Pacos. Galán con la boquilla de baquelita en la boca se volvía peligroso, no paró de interrogarme. No comprendía mi relación con el taxista/agente secreto. Por añadidura, tuve que explicarle algunas de mis historias de esa noche. Fui de una sinceridad descarnada, aunque yo percibía que seguía desconfiando de mí.

Su compañero, Purroy, parecía alelado desde que vio el orificio de bala en el cristal del descapotable. El carajillo le hizo adoptar un mejor semblante.

En medio de la conversación, más bien diálogo, entre el inspector y yo, Galán pegó un brinco. Diríase que la Virgen lo iluminó con una visión del asesino. Nos sacó precipitadamente del bar y nos metió en su incómodo cabrio. Deduje por lo que decía que nos llevaba a la casa de un topógrafo que fue quien los puso sobre la pista urbanística de Barrachina.

No tiró el inspector de sirena, tal vez porque el coche tenía potencia y el inspector maña, así que la autovía era nuestra, íbamos dejando coches atrás a una velocidad que a mí me parecía sorprendente para un vehículo en apariencia vetusto.

En menos de diez minutos, estábamos llamando a la puerta de una casa adosada de Bel Air, una de esas impersonales urbanizaciones que se extienden a un lado y otro de la autovía A-7, fuera del término municipal de Bella, Costalifornia en estado puro. El pesado de Galán no quería que me bajase del coche. Lo mandé a paseo, le dije que todos estábamos en el mismo barco. Purroy intercedió por mí y me permitieron estar con ellos con la condición de permanecer a una distancia prudencial por si había el más mínimo peligro.

Los dos empuñaban sus pistolas cuando llamaron a la puerta. Unos ladridos los pusieron en guardia, la tensión de sus rostros disminuyó al oír una voz extranjera que provocó que el perro dejara de ladrar. La puerta se abrió, y una mujer con acento alemán les preguntó qué les traía de nuevo hasta ella. El can asomaba el hocico y gruñía pese a que la dueña lo intentaba alejar cogiéndolo del collar. "¿Mi marido?", dijo recreándose en la pregunta. "No sé donde está ni lo quiero ya saber. ¿Comprenden?". Los policías asintieron. "¿Algo más?", dijo la germanoparlante. "Nada", contestaron al unísono los interrogadores. Yo, que observaba la escena a unos diez metros, cerca de un pasillo de acceso a la casa, observé que la disposición de la mujer con chándal y su forma de hablar amedrentaba a los policías. Tras el "nada" miró desafiante desde la altura, lanzó un gesto de desprecio con un giro del cuello y cerró la puerta con un sonoro portazo. Algo masculló en alemán antes de desaparecer, puede que un "que les den a ustedes y a mi marido". La autoridad, patética, se marchó con el rabo entre las piernas.

Los tres en el coche, de vuelta a no se sabe dónde, permanecimos callados. En la radio sonaba: "*Se masticaba en los billares que el Rayo había bajado a segunda...*", parecía anunciar también nuestra propia derrota y perdición. Y sí, también Lupe, Lupita Lavargas era una *barbi superstar* con triste final. La melodía nos venía como anillo al dedo.

Mas la fortuna, tan dada a giros inesperados, te puede colocar en el sitio justo en el momento justo. Galán recibió una llamada en su móvil. En cuanto colgó aceleró a tope, nos comentó que íbamos a la casa del Gran Maxi en SPA, que además nos pillaba de camino. Le añadió a Purroy que su "amigo" (utilizó cierta sorna) había escuchado ruidos sospechosos en el piso de Lupita.

Allá donde SPA finaliza, un bloque se alza al lado de una masa de eucaliptos de los que se usaron para desecar los pantanos al crearse la colonia agrícola y que progresivamente estaban siendo arrasados para plantar casas y más casas. La lluvia caída durante la noche hizo que el penetrante olor de esos árboles impregnase el aire de su alrededor. No me dio demasiado tiempo a recrearme en esos pequeños detalles que tanto me placen. Fue poner los pies en el portal y un par de disparos se oyeron en el bloque. Purroy reaccionó con celeridad, de una patada reventó la puerta. Corrimos escalera arriba, al llegar al piso de Lupita (la cinta de embalar con el anagrama de la policía utilizada para precintar la puerta lo señalaba) nuestra sorpresa no pudo ser mayor, o por lo menos la mía, al ver quién estaba allí. A su lado un hombrecillo con estrambótico atuendo y perrito blanco en sus piernas portaba un revólver.

XXXVIII

Oyeron un par de tiros antes de poder pulsar siquiera el portero electrónico. Purroy se puso en guardia y de una certera patada a la cerradura franqueó el paso.

Al llegar a la planta de Lupita, el Gran Maxi apuntaba a una chica con un pistolón de desproporcionada dimensiones. Los policías, empuñando sus armas, le gritaron que tirase su revólver, orden que fue obedecida de inmediato. El quiromántico tenía la puerta de su apartamento abierta, como el de Lupita. La cinta de precintar de la policía estaba en parte desparramada por el suelo. "¡Yulia!", exclamó el escritor, y la atractiva mujer se echó a llorar a lágrima viva. Purroy la empujó contra la pared para registrarla. Sus movimientos fueron tan rápidos y eficaces que daba la sensación de estar todo controlado; sin embargo, la posición de Galán, parapetado al lado de la entrada del piso de Lavargas, indicaba que aún quedaba un escollo difícil de superar, y más cuando el desarmado vecino señalaba con su dedo índice dentro de la casa repitiendo en voz baja "está ahí, está ahí...".

Purroy dejó a Yulia arrodillada mirando a la pared y con las manos esposadas a su espalda. Conjugado ese posible peligro, los dos policías se apostaron a ambos lados de la puerta. Sabían que si había alguien esperándolos serían un blanco fácil. Suponían que la distribución de piso sería como el del Gran Maxi. Galán contó con los dedos hasta tres y entraron. Llegaron hasta el salón donde no había nadie, miraron en el dormitorio y tampoco encontraron a su presa. ¿Dónde estaba el allanador? Purroy fue hasta la puerta acristalada del balcón, desde allí llamó con un débil silbido a su compañero, que ya estaba registrando los muebles del apartamento. Sergio descorrió aún más la cortina y vieron a P.J. Polvillo atrapado entre los hierros de la estructura metálica que impedía que nadie entrase a la casa ni... saliese. "¡Ayúdenme, por Dios! ¡Se me está clavando una vara!". Los policías cogieron un par de sillas y como pudieron sacaron al topógrafo de su improvisada celda antes de que perdiese su virginidad anal con un hierro.

Sentaron, esposados, a Polvillo y Yulia en el sofá de la casa de Lupita. El Gran Maxi quiso estar presente en el interrogatorio de la pareja, aunque antes lo interpelaron a él.

"De fogueo, por Dios. ¿Cómo voy a tener una pistola de verdad? La venden en cualquier lado, y con esto de vivir a las afueras y la oleada de robos de este verano tengo más que justificada su compra".

"Oí ruidos cuando me iba a poner a meditar, con cuidado me asomé a la mirilla y vi a estos dos forzando la puerta de la casa. Ah, no lo dudé, llamé a mis policías preferidos, claro, no iba a llamar a los otros".

"Aquí, esta *julandrona*, quería marcharse, por eso abrí mi puerta y la asusté con dos tiros al aire. La conozco de venir con Lupita más de una noche. A mí esta lagarta no me la da. A ver si no fue ella quien se la cargó".

Chouchou, el bichón maltés, se echó a los pies de su dueño, que ocupaba un sillón y no tenía la más mínima intención de marcharse, se consideraba con derecho divino a saber cuánto ocurriese allí, para eso se la había jugado. Y dado que Purroy se sentía en deuda con él, y Galán no tenía ganas de malgastar sus menguadas fuerzas, sus deseos de estar en primera línea se convirtieron en una realidad indiscutible. Prefirieron no preguntarle por su extraño atuendo.

Algunos vecinos se asomaron por el hueco de la escalera demandando con voz asustada información. Galán enseñó la placa y los tranquilizó, podían volver a sus pisos, la situación estaba bajo control.

Polvillo pidió que le quitaran las esposas. "Se lo tendrán que ganar", le dijo Purroy. El geómetra frunció el ceño, su acompañante gimoteaba sin consuelo.

Galán explicó que tenían el tiempo justo para una explicación convincente.

"Buscábamos el dinero. Así de claro". Habló P.J., quien con la cabeza bien alta comenzó a relatar: "A estas alturas de la película supongo que estarán enterados de todos los tejemanejes de la organización del Gordo Barrachina; bueno, de todos resultaría imposible, pero sí de sus manejos urbanísticos. Le ha faltado apoderarse de la tierra de las macetas. Y claro, Lupita trincó, cuando uno ve que pasa tanto y tanto dinero por sus narices cree que tiene derecho a algo más que unas monedítas. ¿Me siguen?". Los espectadores del salón asintieron, Galán añadió: "Nos cuentas algo que ya sabíamos. Al grano, ¿por qué no nos hablas de vosotros en este embrollo?". "Yo era un simple asesor de la muerta, al igual que antes lo había sido de Barrachina. Ellos prescindieron de mis servicios, así que un buen día Lupita me pidió asesoramiento personal. Las propiedades estaban a su nombre, aunque al poco siempre era obligada a firmar las ventas o traspasos. Ella quería pegar un golpe rápido, vender una parcela, quedarse con el dinero y desaparecer. Así lo hizo hará una semana, vendió un terreno por un millón de euros, muy por debajo de su precio de mercado. Tuvo que apremiar a los interesados; no eran extranjeros, que para este tipo de tratos son muy lentos por culpa de abogados quisquillosos. Ese suelo fue a parar a gente de aquí, lo adquirió un tal Camacho con unos socios, ellos sabían lo que compraban: un auténtico chollo. Por eso tampoco fue complicado colocarlo".

Víctor interrumpió a Polvillo, le volvió a preguntar por el nombre del comprador. Al escucharlo de nuevo, torciendo el gesto, dijo que no era un apellido muy común en la zona.

Purroy quitó las esposas a los detenidos. Galán exhortó a P.J. para que continuase con su confesión.

"Lupita creía que Barrachina tardaría unos días en enterarse, además se sentía confiada porque me había pasado un dossier con documentos comprometidos. Decía que era su seguro de vida. Ella se marcharía a México en cuanto tuviese el dinero. O bien no pudo hacer efectivo el talón conformado o habiéndolo hecho la descubrieron antes de que pudiese huir con la pasta".

Galán le preguntó dónde había guardado esos documentos, P.J. lo miró de frente y le dijo: "Si los quiere, tienen el precio de mi libertad. La mía, y la de Yulia también".

El inspector volvió a la carga, inquirió qué hacía el topógrafo con la belleza explosiva. "Mera unión temporal de intereses. Ella estaba al tanto de lo que hacía Lupita, eran… bueno… muy amigas. Por eso nos pusimos en contacto para buscar el dinero".

"Vamos a ver —tomó la palabra el Gran Maxi—. ¿Acaso vosotros no habéis visto que el piso ya había sido registrado por la policía? Menuda tontería lo del dinero, eso no se lo traga nadie."

Terminado el comentario del vecino de la fallecida, alguien llamó al timbre. Purroy se acercó con precaución a la puerta, observó por la mirilla, bajó su arma, deslizó el pestillo del cerrojo y dejó pasar a la figura oronda del Gordo Barrachina con sus dos guardaespaldas.

XXXIX

Es una pena que la industria nacional del cine no hubiese elegido Costalifornia como lugar ideal para establecerse. Aunque dado lo exiguo de nuestra producción, lo primero que habríamos de preguntarnos es si existe verdaderamente dicha industria. La gente del cine patrio se estaba perdiendo un paraíso con buen tiempo, no malas infraestructuras, gente preparada, sitios donde exhibirse, *glamour* y miles de historias posibles. Yo mismo estaba viviendo esa noche una sucesión de acontecimientos que difícilmente le ocurriría a un tranquilo señor de provincias. Cualquier guionista, americano incluso, se frotaría las manos con un argumento así. El vicio y el lujo dan mucho juego; si a eso le unimos la ambición, la codicia, el sexo, gentuza sin escrúpulos y el sempiterno dinero, llegaremos a tener los mejores ingredientes con los que se han forjado las historias de siempre, populares y con éxito, en el cine y en la literatura.

Quién me iba a decir a mí que con los primeros rayos del sol del día me iba a reencontrar con mi idolatrada musa de esa noche: Yulia. Desde luego, las circunstancias no eran las mejores, mas su belleza se mantenía inmarcesible, tanto me excitaba que volví a tener una breve erección.

Purroy cacheó y esposó a Yulia con un celo profesional que asustaba, ese hombre era una perfecta máquina policial. Me dio pena ver a mi ucraniana preferida de rodillas, contra la pared, llorando y sin poder articular palabra.

Un hombrecillo, vestido como si formara parte de los extras de una serie de televisión de temática interestelar, y con un bichón maltés a sus pies más amanerado que el dueño, fue compelido a soltar —se supone que después de disparar— un revólver Magnun del 45 en el suelo. Contrastaba el tamaño del arma con la envergadura del sujeto portador. A instancia del "monje galáctico", los policías entraron en el piso de Lupe. Yo observé la secuencia de los hechos desde la escalera, bien agazapado.

Galán y Purroy me mostraron de nuevo que eran tipos bragados y muy profesionales. Entraron sin miedo en lo que podía haber sido una encerrona en toda regla y, enseguida, tan tranquilos, salieron indemnes, con un detenido y dando órdenes. El tal Maxi y yo seguimos a Purroy cuando levantó a Yulia del suelo para llevarla junto a su amigo, que ya penaba en un sofá del impersonal salón de la casa de Lupita. Allí nos reunimos los actores de esta película sin director y con un guión tan enrevesado que no nos dejaba descubrir quién era el asesino hasta, habríamos de suponer, la última escena. El señor que confesaba con las manos esposadas, el supuesto topógrafo pareja de la alemana de marras, nos soltó una versión de lo sucedido que señalaba a Barrachina como principal sospechoso del asesinato de Lavargas. El colmo de este largo plano secuencia fue la aparición del dueño del prostíbulo y sus guardaespaldas después de que el Gran Maxi pretendiese echar por tierra la excusa que el topógrafo había dado para allanar el domicilio de la interfecta. La aparición nos dejó completamente atónitos. El instinto de Galán se salió con la suya.

Barrachina se desplomó sobre una silla que inexplicablemente soportó su peso. Señaló al allanador y murmuró: "Lo sabía, lo sabía…". Se estaba ahogando por el esfuerzo físico realizado, probablemente había venido corriendo desde el coche, su rostro estaba empapado de sudor. Se nos presentaba un careo fortuito que yo estaba convencido iba a arrojar algo de luz sobre la muerte de Lupita. En cuanto recobró el resuello, el nuevo invitado se lanzó al cuello de P.J.:

—¿Por qué no cuentas que dejaste de trabajar con nosotros por ir con el cuento de lo que hacíamos a la policía, despechado al no hacerte caso con esa mierda de la usucapión? ¿Por qué no cuentas también que querías más dinero, sobre todo más dinero? Tal vez no sepas que mis socios deseaban tu cabeza, y yo, ingrato amigo, lo evité por considerarte insignificante e inofensivo y porque no quería más problemas en este asunto. Me equivoqué, de nuevo vuelves a las andadas contando a quien no debes nuestros negocios. Mal lo llevas.

Los policías se quedaron mirando a Polvillo, esperaban una respuesta esclarecedora.

—En la comisaría conté en dos despachos distintos y ante

diferentes policías lo que sabía. Después me llevaron delante del comisario, que me soltó que Barrachina era un tipo muy especial, que colaboraba esporádicamente con ellos, que mejor no removía nada, que... Ahí me di cuenta de que su impunidad no conocía límites en Bella. Al final, de nada sirvió mi interés desprendido —Barrachina soltó una carcajada—, sí, desprendido —reiteró Polvillo tras el sonoro gesto del Gordo—, por hacer justicia. Me equivoqué, no lo volvería a hacer, me sentí muy vendido y muy inocente. Un pardillo de primera.

—No te has enterado. Yo tengo claro donde están mis límites. —El mafioso hablaba con su cara más seria—. No puedo ir por ahí matando o robando a diestro y siniestro. El éxito de mis negocios consiste en pasar desapercibido. Si se tuercen las cosas ya habrá alguien que me ayude, con la condición de no abusar de mi protección. Yo me muevo con los malos, y a ésos les puedo engañar, traicionar y maltratar. Salir de ese círculo es un riesgo para mí que sólo en contadas ocasiones estoy dispuesto a correr.

Galán interrumpió la conversación, se dirigió a la ucraniana y al topógrafo:

—Me encanta este diálogo, salvo por un detalle: somos nosotros los que normalmente hacemos las preguntas. Antes de continuar, ¿queréis contarnos, de una puñetera vez, qué vinisteis a hacer aquí los dos? —preguntó a la pareja.

—Inspector, usted es terriblemente pesado, mucho. Ya le he dicho que el dinero. No esperaba, la verdad, encontrarme una bolsa de basura llena de billetes. Pero Yulia me dijo que su novia tenía una caja fuerte en un banco a nombre de las dos. Pensé que tal vez la policía no había visto la llave. Yulia creía que la había dejado con otros objetos de pequeño valor en un escondite que hay debajo de la tubería del ojopatio. Allí no había nada de nada.

—¿Y usted qué tiene que decir? —preguntó el de la boquilla de baquelita al Gordo.

El interrogado se echó a reír:

—A estas alturas de mi vida no me pida que haga el trabajo de la policía. Yo simplemente venía a ajustar cuentas. Mi olfato me trajo al sitio adecuado, aunque a destiempo. No me gusta la gente que se va de la lengua, y más si son reincidentes.

—¿No mató usted a Lupita cuando supo que ella le había engañado? —Purroy le lanzó la cuestión de forma franca.

—¿Engañado? ¿En qué?

—Vendió una de las parcelas y se quedó con el millón de la venta.

—¿De verdad? ¿Tienen ustedes pruebas de eso? Lo dudo mucho. La gente tiene muy mala lengua.

Nadie abrió la boca, en el fondo sorprendía esa seguridad en Lupita después de lo dicho por el topógrafo.

—He conocido a pocas personas tan fieles y leales como esa chica —sentenció su exjefe.

XL

Barrachina y Polvillo se conocían, esa relación daba incluso para traicionarse. La deslealtad al mafioso quedó sin efecto judicial cuando P.J. comprobó que tenía buenos padrinos en la policía que no harían prosperar su denuncia y supuso que, en caso de insistir, su vida se llenaría de más problemas, como si no tuviese ya bastantes al estar señalado para siempre por su traición no consumada, pues al fin y al cabo traición era.

Los policías iban recibiendo esta vertiginosa llegada de novedades y conocimiento de hechos pasados con sorpresa. Obviamente, nos les cuadraban muchos detalles de última hora, el puzle comenzaba a tener demasiadas piezas difíciles de encajar.

El inspector tomó una decisión que le pareció justa, sensata y que mejor se ajustaba a su propio interés: todos a comisaría.

Todos salvo el Gran Maxi y su perrito *Chouchou*. "Ya puestos me hubiese gustado ir. Mi vida es tan monótona que un poco de aventura me hubiese venido bien. Prométanme que van a venir a tomar un té y me cuentan en qué ha quedado esto, me tienen en vilo. Así que se acordó de mí... mis poderes, dice, mis poderes, ay, si yo le contara...". El Gran Maxi estampó dos besotes en las sonrosadas mejillas de Purroy, fue con el único que tuvo ese gesto.

Barrachina esperó que Purroy sacara al personal del piso para, a solas, ser franco con Galán: "A mí no se me ha perdido nada allí". El inspector se puso serio: "Le aconsejo que nos siga con su coche y no haga la más mínima tontería. Si usted es intocable no creo que le hagan perder mucho el tiempo". Barrachina esperó impaciente a que Galán terminase para soltarle: "Esa no es la cuestión. No me apetece que los mismos que me encargan divertidos trabajos me reprochen nada". La frase desconcertó al policía. "No sé de qué está hablando, ni lo quiero saber", fue la reacción espontánea que tuvo. "Le insisto, no es una buena idea que yo vaya". "Usted viene sí o sí. Punto. Advertido queda. Yo iré con usted en su coche para que no se me pierda".

El grupo compuesto por ocho personas se reunió frente al portal. Acordaron la distribución en los vehículos y no perdieron un segundo en salir dirección a la comisaría de Policía.

Al inspector le costó soltar la llave de su querido deportivo cabrio. Purroy tenía muchas virtudes entre las que no figuraba la conducción, y más en estos últimos meses que andaba tan despistado. Barrachina había sustituido el agujereado todoterreno por una berlina de lujo inglesa. Se acomodaron atrás, policía y mafioso, y no se dirigieron la palabra hasta llegar a Bella. Al abrirle la puerta frente a la comisaría, el Gordo dijo: "Usted lo ha querido".

Purroy no tocó nada en el coche de Galán, sabía del cariño que le profesaba y lo maniático que podía llegar a ser si le movía un milímetro el retrovisor. Polvillo y Yulia no abrieron la boca durante el trayecto, los otros ocupantes del auto pensaron que ahí había más complicidad que una mera unión temporal de intereses.

Víctor H. del Castillo sacó un cuadernillo y empezó a anotar. Se quedó también callado; eso sí, impuso su criterio en el dial: jazz.

Purroy miró la hora al llegar a comisaría, las ocho en punto, imposible ser más puntual. Dejaron en dos salas a sus acompañantes, Barrachina y guardaespaldas por un lado, y la pareja y el escritor por otro.

Le comunicaron al ayudante del comisario que tenían una cita concertada con él. No tuvieron que esperar ante su puerta, entraron al momento.

El comisario les daba la espalda mirando por una ventana a la calle. Respondió a los buenos días y les pidió, sin volverse, que se sentaran. Unos segundos de incómodo silencio se adueñaron del despacho. El jefe carraspeó un poco y por fin se dignó darse la vuelta, antes de sentarse abrió un cajón y sacó de un tubo de plástico una pastilla, vertió un poco de agua en un vaso que contuvo las explosiones de una miríada de burbujitas que con su efervescencia desafiaban el silencio de ese espacio. El comisario era un hombre con el pelo cano, facciones muy afinadas, ojeroso, alto, de porte elegante —llevaba esa mañana un traje negro con corbata que parecía hecho a medida— y que procuraba hablar utilizando una perfecta prosodia.

Tras beberse de un trago el mejunje dijo: "Son ustedes simplemente geniales".

La puerta del despacho se abrió sin que nadie llamase para pedir permiso. Sebastián Duarte vestía de sport, con sudadera, jeans desgastados y zapatillas deportivas de talla especial; su media melena rubia exornaba la juventud de un rostro que ya comenzaba a sentir los primeros zarpazos de la edad en forma de arrugas en la frente y alrededor de los ojos. El agente del CNI apareció dando los buenos días y removiendo con una cucharilla de plástico un café de máquina expendedora.

XLI

Ni el propio comisario sabía muy bien por qué había encargado a Galán y Purroy la misión de contravigilar la investigación oficial de la policía. Cuanta más información mejor, y él quería o necesitaba manejar la mejor, sobre todo porque una parte le vendría filtrada desde la comisaría provincial. Lo que no había calculado era que la eficacia de su pareja superaría con creces sus más optimistas previsiones. No esperaba que una ballena a punto de jubilarse y un depresivo sentimental candidato a una baja médica desde que se peleó con su mujer obtuviesen un resultado que lo ponían en el brete de tener que compartir con ellos sus conocimientos del caso. Usando su autoridad jerárquica y hablar sincero así se lo hizo ver a sus subordinados. Ellos no se enfadaron al comprobar que su jefe en el fondo les había encargado un trabajo para, desde su supuesta ineficacia, llenar un hueco o recoger las migajas de información que sus compañeros dejaban por el camino. Tenían el convencimiento de haber cumplido con creces la misión encomendada, algo que les enorgulleció, era imposible hacer más en veinticuatro horas; de hecho, su superior reconoció con gusto que se había equivocado al juzgarlos.

—¿Por dónde empezar? —dijo el comisario recostándose en su sillón de cuero.

Galán le echó un cable, empezó a desgranar cuanto les había acontecido en esas veinticuatro horas. A cada tanto dejaba caer una pregunta sin respuesta, incógnitas para las cuales la pareja de policías no había encontrado soluciones razonables, comentó coincidencias extrañas, relató casualidades incompresibles, esbozó conjeturas... El inspector no dejó pasar en su minucioso relato ni una sola duda, intuía, por la aparición del agente de inteligencia en el despacho y los gestos y palabras de su jefe que ellos estaban en disposición de aclararles muchas de las interrogantes que les habían asaltado desde el principio de esta investigación. Duarte permaneció de pie, a la diestra del sillón del comisario, muy atento al monólogo. Galán sabía de sobra que habían sido utilizados. Tras más de un cuarto de hora de discurso, entre asentimiento y asentimiento de Purroy, concluyó con: "…a la vista de lo investigado, ahora mismo somos incapaces de señalar quién o quiénes mataron a Guadalupe Lavargas, y no estamos tampoco capacitados para señalar el móvil del crimen".

El jefe suspiró. Fue un suspiro prolongado, sentido.

—Y si yo le dijese que no hay asesino ni asesinato —dijo el suspirante.

Los policías cambiaron de color.

—Me acaba de llegar el informe preliminar del forense, habla de posible muerte natural. La aorta reventada, un infarto fulminante.

—Tenía treinta y cinco años, y estaba aparentemente sana —observó Purroy—. Algo no cuadra en esa muerte.

El comisario aceptó el guante arrojado:

—Puede que fuera hereditario su fallo cardíaco, estaba ahí acechando desde su nacimiento y buen un día explotó. O tal vez esa debilidad apareció hace poco y nunca dio síntomas que hubieran ayudado a su control y curación. Y yo no descarto tampoco que la señorita Lavargas hubiese consumido profusamente alguna droga o drogas durante un periodo largo de tiempo o incluso la misma noche del óbito. Esas cosas, ya lo sabemos, ayudan a reventar corazones. Estamos aún a la espera de un análisis del Instituto de Toxicología sobre las sustancias que podía contener su sangre.

—El forense nos comentó que apreciaba un pequeño desgarro anal. Además, ¿qué hacía allí tirada, al lado del Notorius? ¡No me diga que dispone de una explicación convincente para eso? —Galán soltó la última frase de modo cáustico.

Sebastián Duarte se apartó del comisario. Tiró su vasito de plástico a la papelera que había debajo de la mesa y dijo:

—Yo la llevé hasta allí.

Los investigadores se miraron sin articular palabra. El del CNI continuó:

—La recogí al salir del trabajo. Conduje unos metros hasta aparcar el coche en un terreno baldío, muy cerca de donde se encontró el cadáver, desde la calle los otros coches no nos podían ver, unos arbustos altos tapaban el taxi. No estuve más de un minuto con ella. La amenacé con mi tono y mi cara más seria; y allí la dejé tirada, acojonada y con mucho miedo. Pero vivita y coleando, claro.

—Me anticipo a sus preguntas —el comisario, algo pedante, retomó la palabra—. Son ustedes terriblemente previsibles. ¿Amenazas? Pues sí, amenazas. Su amiga Lavargas (sabemos, inspector, que usted la ayudó en el pasado al menos en una ocasión) estaba a punto de echar por tierra una operación de máxima importancia para la seguridad nacional. Les supongo enterados de la próxima extradición a los Estados Unidos del hermano de un dictador de Oriente Próximo cuya residencia habitual era Bella —la pareja asintió—. Bien, ese tipejo execrable es una especie de Barrachina en versión árabe y a lo grande. Nos ayudaba y nosotros lo protegíamos. Éste era otro con muchas cuentas pendientes, una de ellas con los americanos. Los de la Agencia no le podían echar el guante en nuestro país porque judicialmente sus crímenes pasados habían prescrito, o se lo acusaba de delitos formulados de tal manera que nuestra ley por esos asuntos no permite la extradición.

El comisario tosió un poco, se echó agua en el vaso y apuró con ansia el líquido.

—¿Me siguen? —Los investigadores contestaron afirmativamente—. Nuestros aliados le tendieron una trampa. Oficialmente nosotros estábamos al margen, el moro prestó buenos servicios a nuestro país, y, si bien es cierto que no podía pisar su patria, no dejaba de ser familia de quien allí mandaba. Había que ser prudentes, les confieso que nos hubiera gustado que siguiese con nosotros, pero los americanos nos apremiaron para mantener su operación encubierta. Alguien de arriba decidió que había que venderlo sin que se notara. ¿Adivinan quién fue nuestro hombre en esta misión?

—Barrachina —respondieron al unísono los interrogados.

—Son ustedes muy perspicaces —soltó con sarcasmo su superior—. Barrachina estaba en la cuerda floja, había traspasado sus límites, la gota que colmó el vaso fue apropiarse de parcelas que no eran suyas, unas operaciones que nos obligaron hasta en dos ocasiones a indemnizar a los legítimos dueños de esos suelos cuando se proponían pleitear y denunciar lo ocurrido, hubiese sido un escándalo, y aún no descarto que algún día aparezcamos en la primera página de cualquier periódico por semejante estafa, hay que estar ciego de codicia para creer que te puedes apropiar de un suelo tan valioso así como así. Por supuesto, el Gordo no se enteró de la mano que le echamos, ya habría tiempo de restregárselo, lo queríamos centrado en la venta ficticia de armas a una guerrilla sudamericana. El pez picó el anzuelo sin problemas, los agentes de la CIA se hicieron pasar por intermediarios fiables y Barrachina certificó que eran buenos emisarios, que él ya había trabajado con ellos distribuyendo su droga y suministrándoles armas en el pasado. Esta vez Roque necesitaba asociarse, y así se lo hizo ver a nuestra presa, porque le pedían un armamento muy sofisticado que no estaba al alcance de sus posibilidades y contactos, necesitaba de alguien bien relacionado con los proveedores del Este. El Gordo utilizó a Lavargas en este trato, la puso a disposición de los negociadores. Cuáles no serían sus artes que por muy agentes que fueran de la CIA acabaron sucumbiendo a sus encantos. Al final el acuerdo se cerró, los falsos guerrilleros dieron una señal de dinero y todo quedó grabado y bien grabado. No nos quedó más remedio que detener a nuestro antiguo colaborador y ponerlo a disposición de la Audiencia Nacional para que resolviese su extradición.

El teléfono sonó e interrumpió al relator. No duró mucho la llamada, fue despachada con varios síes y la promesa de volver a comunicarse con su interlocutor a lo largo de la mañana. Continuó su explicación en el punto en que la dejó:

—Antes de arrestar al traficante, Lavargas cometió una estupidez: vino a contarnos a nosotros, aquí, en este mismo despacho, que su jefe preparaba una venta de armas a unos guerrilleros. ¡Imagínense!

Duarte tomó el relevo en la explicación:

—No podíamos contar esa traición a Barrachina, la hubiese matado. Ella buscaba seguridad. Nos confesó que había vendido una de las fincas que estaban a su nombre por un millón de euros, y temía por su vida si el Gordo se enteraba, sabía que la buscaría allá donde fuera. Se la notaba arrepentida, no había calculado bien los efectos negativos que conllevaba su acto. Pensaba que delatando las miserias de su jefe la protegeríamos.

—Me juego lo que sea a que también sacaron provecho de eso —Purroy interrumpió el relato al espía.

—Exacto. Deliberamos qué podíamos hacer y entendimos que lo mejor era engañar a unos y a otros. Le contamos a Barrachina que habíamos intervenido en el asunto de las parcelas porque temíamos un escándalo de primer orden, y sólo nos faltaba eso. Aprovechamos para leerle la cartilla y, de paso, informarle que también nos habíamos visto obligados a arrebatarle la dichosa finca que Lavargas ya había vendido. El enjuague, le explicamos al Gordo, se hizo mediante una venta falsa de un millón de euros. Le dijimos que en la operación colaboró su pupila para ayudarle a él; nosotros la convencimos, la presionamos, con la promesa que todo se hacía en su beneficio, hasta el hecho de dejarlo al margen del chanchullo en un principio por motivos de seguridad. Le comentamos también, mentira tras mentira, que de entrada la chica se mostró muy reticente a colaborar por la lealtad que le profesaba. Dentro del trato con Lavargas figuraba que ya nos encargaríamos nosotros de informar directamente a su mentor para evitar malentendidos y dejar claro que a ella no le quedaba otra. Creemos que Barrachina se tragó el cuento, por eso hasta la fecha él siempre ha manifestado aprecio por la muerta. Nunca supo que fue traicionado. —Los investigadores se miraron y esbozaron una sonrisa—. A Lavargas le pedimos que se largase de Bella sin levantar sospechas, le advertimos claramente que no la queríamos más aquí. Le dijimos que habíamos cubierto con mierda su maldita venta; por su bien, le convenía estar calladita. Y cuando creíamos que ya estaba haciendo las maletas, me llamó por teléfono para pedirme dinero, decía que le hacía falta, que el millón de euros no era suficiente. Amenazaba con tirar de la manta, denunciar a la prensa el *affaire* de la venta de armas (aunque ya era público y notorio lo sucedido), e incluso dejar a su jefe una carta exponiéndole cómo nosotros tapamos su traición. Quería medio millón para quitarse de en medio.

—Una auténtica hija de puta —sentenció el comisario.

—La pillé a la salida del trabajo y creo que con lo que le solté se le quitaron las ganas de jugar con nosotros —apostilló Sebastián Duarte.

—¿Y? —preguntó Galán—. ¿Quién o qué la mató?, ¿quién le desgarró el ano?, ¿quién ha tiroteado a Barrachina?, ¿dónde está el millón de euros? Aquí hay muchas interrogantes sin respuesta.

—Tome el informe del forense. —El comisario le pasó al inspector una carpeta que estaba encima de un montón de papeles acumulados en el filo de su mesa—. No hay tal desgarro, una antigua fístula o hemorroides internas o yo no sé qué historia de sexo anal explicaría la equivocada apreciación inicial del médico, ahí viene bien descrito. La muerte... le repito, inspector, me inclino a pensar, tras leer ese informe, que estamos ante un hecho fortuito. Algunos indicios y prejuicios nos llevaron a creer que podía tratarse de un ajuste de cuentas, de una venganza... partimos de un supuesto inicial erróneo. ¿El tiroteo?, dice, ¿cuál de ellos?, ¿el de hace tres años?, ¿éste de ahora que casi me lleva a mí por delante? Barrachina posee una lista inabarcable de enemigos, ya le hemos "aconsejado" que se vaya, y esta vez le conviene hacernos caso. En cuanto al dinero, yo esperaba de ustedes esa información. Vayan al banco, miren si está en la caja de seguridad, y si no es así, quiero saber qué hay allí. Y los papeles del topógrafo, o geómetra, o como sea, también los quiero. Prométanle cualquier cosa que se pueda cumplir.

La pareja oyente comprendía ahora el celo de Barrachina por ocultar quién era su acompañante. Ni se les pasó por la cabeza preguntar a su superior qué hacía allí.

El comisario se levantó, volvió a asomarse a la ventana dando la espalda a todos.

—Los comisarios en Bella duramos poco en el puesto —su voz tornaba solemne—, ese sillón está maldito —lo señaló sin volverse, extendiendo su brazo y apuntando con el índice al objeto de su comentario—. En este pequeño paraíso tienes que bregar con el crimen tradicional, con gentuza como Barrachina o ese traficante de mierda, con mafias que están deseando establecerse, o con delincuentes internacionales que se esconden en las mil urbanizaciones de este litoral. Por si eso no fuera poco debemos proteger a mandatarios o amigos importantes de nuestro gobierno que nos visitan y mil historias más difíciles de contar. Yo ya he pedido dos veces mi traslado, estoy deseando perderme en el culo del mundo, si no me voy pronto seguro que me veré pringado en cualquier asunto turbio que afectará a mi carrera, o también cabe la posibilidad de que mi úlcera de estómago termine por tumbarme. Esta Costa atrae a lo mejor y a lo peor. Hasta el momento vamos ganando la guerra, no sé por cuánto tiempo, porque los malos están ahí fuera, intentando encontrar cualquier debilidad para apropiarse de esta joya.

El comisario se volvió para escrutar a Galán y Purroy. Lentamente caminó hasta la puerta y la abrió: "Adiós", dijo con cierta inclinación de la cabeza y sin soltar con la mano el pomo. Los policías se levantaron de sus sillas sin decir palabra; luego de traspasar la puerta, Galán se volvió:

—Es usted convincente, pero algo dentro de mí me dice que esa muerte no está totalmente aclarada.

—Por supuesto. Ni esa muerte ni otras que incluso tienen condenados penando en las cárceles. Vamos, inspector, ya peinamos canas. Resuélvame los cuatro flecos que quedan y péguele carpetazo a Lavargas. Hágame caso, bastante hemos hecho ya. Es una orden.

Cerró la puerta con fuerza, como si quisiera reafirmar lo dicho. Galán dio media vuelta y encontró de frente a su compañero. No necesitaron intercambiar ni una sola palabra, su pensamiento era coincidente: se la habían jugado.

XLII

Da la sensación al pisar una comisaría que el tiempo transcurre con exasperante lentitud. No me quiero ni imaginar las desagradables sensaciones que han de recorrerte si das con tus huesos en un calabozo oscuro compartido con un delincuente sudoroso, tirado en el suelo frío o sobre una maloliente colchoneta negra llena de lamparones. Yo, por fortuna, estaba en un despacho adusto, sin más mobiliario que unas sillas de plástico azul y una mesita baja de falsa madera con un par de revistas atrasadas de un desconocido sindicato policial. Los minutos se me hicieron eternos, supongo que tanto como a la pareja de tortolitos que tenía a mi lado. He de reconocer que durante nuestra espera no hubo un solo gesto que me hiciera pensar que algo los unía; no obstante, era consciente de que la indiferencia que me mostraba Yulia influía bastante en mi parecer, faltaría más.

Al cabo de una hora, los policías, nuestros policías, nos sacaron de allí. Repitieron la operación en la sala contigua, donde Barrachina y sus guardaespaldas también permanecían en un profundo silencio y aburrimiento.

Mientras aguardábamos en el descapotable la llegada del dueño, éste se quedó atrás para despedirse del Gordo y sus acólitos, ellos sólo abandonaban temporalmente las dependencias policiales para desayunar en una cafetería, debían declarar ante los agentes y el juez de guardia por el tiroteo de hacía unas horas, ya nos llegaría a nosotros el turno. Nada más retomar posesión de su asiento y volante, Sergio quiso saber los términos de la despedida. "Le he dicho que se ande con ojo. Y que no vuelva a molestarnos a ninguno de nosotros o me encontrará". Purroy volvió a interrogarle para conocer cómo había reaccionado el hampón a su amenaza. "Es un cabrón. Me ha vuelto a recordar que le hemos ayudado y que él está en deuda con nosotros. Me ha dicho que arde en deseos de devolvernos el favor prestado, aunque también me ha reconocido que con sumo gusto le hubiese soltado un buen puñetazo o algo más a nuestro amigo Polvillo". Purroy soltó un leve bufido, Galán sonrió y P.J. suspiró aliviado.

Frente al mítico bar de pescaítos California, sito en la calle Málaga, una muy discreta y tranquila sucursal de una caja de ahorros mesetaria acogió al variopinto grupo a las nueve de la mañana, para sobresalto de unos desconcertados empleados que no comprendían muy bien qué diantres pasaba. De forma tácita hacíamos gala de una "unión de intereses temporal", nadie se iba a quedar en el coche. Galán le explicó a la atractiva directora de la entidad qué nos había traído hasta allí. Yulia podía acceder a su caja fuerte sin problemas, estaba autorizada para ello, le proporcionarían una copia de la llave. Pero la encargada dejó claro que al sótano, donde se encontraba la cámara acorazada, sólo bajaban ella y la ucraniana. Purroy sacó sus escondidos encantos de no se sabe dónde y convenció con dulzura y argumentos a la directora para que nos dejase ver el contenido de la caja de Lavargas. Cuando la responsable procedió a su apertura, nos quedamos atónitos, no había ni una miserable telaraña, completamente vacía. Las caras de todos nosotros asomados a ese receptáculo metálico para observar su vacío eran una muestra más de que nuestros rostros son capaces de reflejar mejor que nada ni nadie nuestro particular estado de ánimo. Los que pensaban encontrar dinero se sintieron defraudados y reaccionaron con una mueca de desencanto; los que buscaban pistas para aclarar el asesinato comprendieron abrumados que se les cerraba una puerta más; y yo, curioso profesional, constaté con placer lo que ya sabía: Lavargas seguía manejando a su antojo a aquellos que se acercaban a ella, era su peculiar forma de entender la vida y que llegaba a proyectarse hasta después de su muerte.

Dejamos a Yulia en la parada de taxis al lado del Guermantes, aún cerrado. Fue fría la despedida al topógrafo que se definía como geómetra, y gélido el adiós a los demás; seguían con su farsa, pensé. No quiso la ucraniana que la dejásemos en su casa, no deseaba, imagino, que supiésemos dónde vivía. Ahí se marchaba una decepción más de mi vida, es curioso —reflexioné— cómo podía enamorarme, y lo contrario, en menos de diez horas. Estaba claramente falto de cariño para llegar a imaginarme algo sentimental con una puta con la que ni tan siquiera había fornicado y que me costó trescientos euros del ala por una charla llorona.

P.J. Polvillo andaba reconcentrado en su mundo. Sólo dijo durante el trayecto hasta su casa de Bel Air: "Poned cualquier cosa salvo jazz, ¡por Dios!". No me lo tomé mal, y dado que no soy nada susceptible también preferí callarme, sin duda la empatía entre nosotros era nula. Galán buscó una emisora de noticias que nos estuvo machacando con macabros sucesos, atentados terroristas, corruptelas varias y funestas previsiones bursátiles hasta llegar a la adosada.

Yo tenía ganas de saber cómo nos recibiría la teutona, intuía un enfrentamiento norte-sur. La primera fue en la frente: Polvillo había perdido sus llaves. El pobre se vio obligado a llamar al timbre, y ahí vino ya su primer acto de contrición: agachar la cabeza mientras su mano golpeaba la puerta con sutileza, era el primer indicio de la anunciada derrota. Los ladridos del perro retumbaron dentro. La alemana abrió la puerta sujetando al animal del cuello, alternaba ladridos y movimientos amistosos de su corta cola por ver a su otro amo. Los dueños del can se miraron fríamente, el saludo fue una mera formalidad, un leve roce de mejillas. Ella sabía mantener el tipo ante nosotros, no se iba a rebajar a discutir delante de unos desconocidos, no era una racial latina dispuesta a gritar y arañar el rostro de un esposo (o pareja) que llega por la mañana con unos policías y un desconocido sin haber dado señales de vida durante toda la noche. No, ella no era así, ya indagaría lo ocurrido y tomaría las medidas pertinentes. Polvillo no tardó en asomar por la puerta, entregar un cartapacio y explicar que era lo único que le habían dado. Nada de nombrar a Lavargas: "le habían dado", dijo, y yo mentalmente me imaginaba la que a él le iban a dar en cuanto la puerta estuviese cerrada. Su compañera seguía en el quicio de la puerta sujetando al bóxer que nos miraba amenazante, casi como ella, que no articuló una sola palabra ante nosotros. P.J. añadió que nunca miró el contenido de los papeles o lo que fuera que contenía la carpeta. Galán le agradeció la entrega y la puerta se cerró. Fue un golpe seco, fuerte, un portazo en nuestras narices justo cuando terminamos de oír el fonema "s" de la palabra "gracias", la paciencia de nuestra alemana llegó a su límite y nos dejó claro que por ella ya nos podíamos ir al infierno. El bóxer se acercó a la puerta y comenzó a ladrar y a arañar la madera, oímos una frase en el idioma de su dueña y a continuación unos gemidos lastimeros del animal, para mí que le había metido una patada o tirado una zapatilla. Empezaba el ajuste de cuentas, ahí iba a recibir hasta el perro. Nos dimos la vuelta y enfilamos la salida con la frustración de no saber cómo se desarrollaría la discusión, en el fondo los tres teníamos alma de fisgones chismosos.

Los investigadores nada más sentarse en el asiento delantero del deportivo comenzaron a hojear los documentos. Detrás de ellos, yo observaba que se trataba de documentos oficiales en su mayoría, mucho papel timbrado de notaría. "Nada. Esto no nos sirve para nada", dijo Purroy algo alicaído. "Son escrituras y notas simples, debemos analizarlas mejor por si vemos algo que merezca la pena, cosa que dudo", observó Galán, también con tono de moral baja. Dado el ambiente fraternal flotaba en el habitáculo del coche, me permití formularles varias preguntas, pues me extrañaba el repentino escepticismo de la pareja, que parecía tirar la toalla. Galán me despachó pronto. Me resumió su entrevista con el comisario, parecía muy enfadado por el deseo de éste de finiquitar lo antes posible el asunto. Me quedé de piedra por sus revelaciones. "¿Muerte natural?", me pregunté en voz alta. Purroy me respondió: "¿Por qué no? Ya nos lo barruntó el forense y, sin embargo, de forma incomprensible fue una alternativa que nunca consideramos". Cuantas más vueltas le daba al día vivido, mejor me daba cuenta de que habíamos perseverado en el error desde el principio. Yo creí factible que una puta tuviese un final trágico por las relaciones y riesgo que conlleva su profesión y no dudé de la versión de los policías. Ellos, por la premura de su particular misión, entendieron también que la muerte de Lupita tenía uno o varios culpables, amén de que todo el encadenamiento de informaciones conducía a pensar eso. La tozuda realidad era infinitamente más simple: Lavargas murió de un infarto por vete a saber qué causa. Los tres permanecimos en silencio unos segundos, los policías con los papeles en la mano y la mirada perdida. Aproveché para interrumpir la mudez del momento, solté algo que hacía mucho deseaba: "¿Quieren saber algo? Lupita se salió con la suya, ha jugado con nosotros como le ha dado la gana". "He de reconocer que tiene su mérito", el inspector hablaba, "nunca antes había estado tanto y en tan poco tiempo equivocado con respecto a un delito, esa chica ha sacado lo mejor de nosotros". Los policías volvieron sus caras hacia mí y los tres prorrumpimos en una sonora carcajada.

Galán arrancó su descapotable encapotado, nos dirigimos por la N-340, ahora vulgar A-7, hasta cualquier bar, puede que al mismo Costalifornia, para tomar un café, para charlar, para desayunar, para descansar, para en franca camaradería solazarnos en comentar la insólita aventura vivida.

EPÍLOGO

I

La entrega del I Premio de novela corta Nicanor Montesinos reunió a la intelectualidad de Bella, es decir, a unos cuantos chiflados a los que no les hacían caso ni en su peña de vecinos y que en pleno territorio turístico, como era el nuestro, tenían una repercusión social escasa tirando a nula.

El Guermantes recibió también a los políticos que tanto gustan de estos saraos; de hecho, normalmente los pagan ellos, para entre galardón y galardón soltarnos un discursito y hacerse la foto de rigor con los artistas o intelectuales, que de cara a la opinión pública es algo que viste mucho. A la gente de la cultura no nos queda otra, somos, así me lo dijo una vez un concejal del ramo, "unos muertos de hambre fritos por coger cualquier migaja o unos resentidos de mierda dispuestos a joder a la mínima".

Entre los presentes se encontraban, por invitación mía, Purroy y Galán. Sergio apareció acompañado de una morenaza de bandera, vestida de tiros largos para la ocasión, gesto éste que a mí siempre me conquista porque acentúa la belleza natural de quien la posee y demuestra que la coquetería femenina es hermana del deseo de agradar a los sentidos, algo básico en mi vida de esteta. No caí al principio, cuando la vi, quizás porque llevaba el pelo recogido, pero al presentármela la recordé perfectamente, era la directora de la sucursal que nos había abierto la caja fuerte. Llevaba razón Galán cuando me dijo que era un mal fisonomista. Ahora bien, algo que nunca se me ha escapado es un rostro expresando alegría, y el de Purroy estaba exultante, ni huella de ese abatimiento mortificante que lo persiguió un tiempo; desde luego, un cambio propiciado por una mujer de rompe y rasga es la mejor medicina del espíritu, capaz de curar cualquier dolencia del alma. Su compañero vino solo. Al cursarle mi invitación dejé claro que a él lo requería en el acto en su condición de sonetista. Me comentó entre canapé y canapé que había pedido la jubilación anticipada y que pronto podría escribir cuanto quisiera, "atente a las consecuencias", me dijo. Yo le señalé a su amigo Asís, que con el resto de *elegidos* departía ufano en un corrillo con la alcaldesa, él era el encargado de corregir y pulir a los letraheridos de la zona.

Doña Ana estaba eufórica. Procuré arroparla en su premio, le presenté a unos y a otros, y como ya la notaba un poco gagá supervisé su breve discurso, que sirvió para abrir el acto. Glosó la figura de su difunto marido y desempolvó de su memoria el recuerdo de un galardón parecido, salvando las distancias, al que ella había asistido años ha en París, donde Nicanor ganó un premio de poesía que le fue entregado en Trocadero por un elegante ministro de Cultura francés, que no es cualquier cosa. Creo que la buena mujer mentía bellacamente, pero la historia tenía gancho y, como escritor y francófilo confeso que soy, es normal que yo perdiese el culo con estas historias y no hubiese censurado o corregido su invención. Después llegó mi turno, quise ser escueto, expliqué qué nos traía allí y los méritos de la novela ganadora: *Las buganvillas de Bella*. F. Bayón agradeció los elogios, recibió un diploma de manos de doña Ana y nos deleitó con unos minutos de brillante oratoria para explicarnos su adoración por esta tierra y enlazar esa idea con el argumento de la novela ganadora. Un ejercicio intelectual de primera que recibió un estruendoso aplauso. Los invitados estaban entregados a la causa, y ahí, por primera vez, comprendí que fue un acierto el esfuerzo realizado para llegar a esta noche. Prestigiaba al ganador, a la ciudad, a la literatura local, a *los elegidos*... un éxito.

Cuando la fiesta se diluía, los policías, que ya se marchaban, me invitaron a que los acompañase el día siguiente a una visita. Era curioso, habían pasado ya tres semanas de nuestra larga jornada en busca de la verdad del caso Lavargas y desde entonces éste era un tema del que no había recibido ni una sola noticia, un completo silencio lo envolvía. Tentado estuve en más de una ocasión de llamar a Purroy y Galán; sin embargo, los preparativos del certamen me absorbían, y también me dio por pensar que de cualquier forma yo estaba predestinado a enterarme de cuanto aconteciese de nuevo en esa muerte, pura intuición que casi nunca me fallaba. Así que esto me llevó a una pasividad contraria a mi natural curiosidad e implicación personal en querer esclarecer lo ocurrido con mi amiga y cliente. Una prueba de este *laisser faire* fue que ni pregunté a F. Bayón por sus avances en la investigación periodística que tenía entre manos el día que nos conocimos, no hablé de Lupita durante el evento con quien precisamente me había puesto sobre la pista de Barrachina, y eso daba una idea de cómo creía que la verdad afloraría.

Mis nuevos amiguitos me recogieron temprano en la puerta del Costalifornia, no quisieron tomar café conmigo, andaban con prisa. Nos dirigimos en el dichoso descapotable dirección SPA. Radio Clásica emitía una interpretación del *Mesías* de Händel a cargo del coro y orquesta nacional de un país eslavo, con excelente ejecución, por cierto. En menos de diez minutos estábamos llamando a la puerta del Gran Maxi. Nadie nos abría, un vecino con la bolsa del pan en una mano y el periódico bajo el brazo se acercó al portal y nos indicó que el Gran Maxi se había mudado; la semana pasada un camión y varios hombres se habían llevado sus enseres y mobiliario a su nuevo domicilio. El buen señor desconocía su nueva dirección. Al meternos en el coche, Galán le comentó a su compañero, "ya te lo dije, me lo olía". Purroy no abrió la boca. Yo ya no pude refrenarme más, pedí mi correspondiente explicación, me creía con derecho a esa exigencia que me fue servida por el inspector:

—Murió de un infarto, sí, es verdad, e incluso le descubrieron una anomalía cardiaca hereditaria que le podría haber provocado por sí sola la muerte. Aunque algo aceleró ese fallo mortal. La noche de su óbito consumió cocaína, pero adulterada, muy adulterada, estaba cortada con una sustancia química que resultó ser una droga de diseño, una especie de metanfetamina recién salida al mercado. Una bomba para la salud por el estado de excitación que produce, ya se ha llevado por delante a unos cuantos. Esa porquería es aún difícil de encontrar, por lo tanto es cara. Nadie en su sano juicio la mezclaría con coca para venderla por sus efectos, y porque normalmente el corte se hace con sustancias baratas que muchas veces no tienen nada que ver con las drogas, ahí está el negocio de los camellos. Desde que recibimos el resultado de Toxicología no paramos de darle vueltas a la cabeza en busca de una explicación.

Yo les pregunté lo obvio tras el razonado relato:

—¿Y esta visita?

Fue Purroy quien me contó que habían leído el informe oficial y dejaba claro, para satisfacción del comisario, que la muerte fue natural: infarto por cardiopatía hereditaria con posible influencia de consumo de estupefacientes (cocaína). Ellos, remisos a tirar la toalla en este caso, habían revisado sus notas cotejando los nombres de quienes aparecían en su investigación exprés con el registro de antecedentes penales. Para su sorpresa, el Gran Maxi, o sea, Maximiliano Barrientos, tuvo una pequeña estancia en la cárcel por tráfico de drogas, curiosamente drogas de laboratorio, cuatro años de condena que fueron cumplidos hacía más de un lustro.

—Blanco y en botella... — dijo Galán.

De la casa del Gran Maxi fuimos a la churrería Iñaki, al final de la calle Córdoba. Purroy insistió cansinamente en que allí se tomaban los mejores churros de SPA. Mientras los saboreábamos, y a fuer de ser verdad que estaban deliciosos, los policías efectuaron alguna llamada para intentar localizar al vidente. La labor fue infructuosa. De cualquier forma, ellos estaban seguros de que no tardarían en dar con una pista que los llevase hasta su paradero.

Me agradó la charla con estos nuevos amigos que me había agenciado. Purroy había vuelto al mundo gracias a Sonia, esa directora de banco que le estaba actualizando su libreta de ahorros amorosa y sexual con intereses de recarga y demora. A Galán ya lo tenía convencido para que ingresase en los *elegidos*; el próximo año le iba a encasquetar la organización del II Premio de novela corta Nicanor Montesinos, y ya le había pedido sus sonetos antiguos para que Andrés —el editor— le publicase una recopilación. A jubilados como éste hay que mandarles deberes y actividades, si no, se aburren y se apuntan a pilates y a cursos de macramé… Cierto es que me asusté cuando me comentó que tenía un mínimo de mil sonetos escritos. ¡Cuánto escribe la gente, por Dios! Yo que sudo cada línea, cada párrafo… Miedo me estaba empezando a dar Galán, a ver si se me iba a convertir en otro escritor prolífico al estilo del noqueado por su amigo Asís.

Entre risas y anécdotas varias echamos una buena mañana. Quedamos emplazados en vernos si surgía alguna novedad con respecto a Lupita.

II

Un mediodía, casi un mes después de mi excursión a SPA en busca del Gran Maxi, alguien tocó el timbre de la puerta de mi despacho en un momento en que yo buscaba algo de inspiración para dar por finiquitada la dichosa biografía de Rogelio. El libro del constructor-promotor me estaba dando más guerra de lo habitual por la inaguantable presión a la que me sometía el interesado, un auténtico marcaje de jugador de liga profesional. En eso estaba cuando me levanté de mi silla para abrir la puerta y toparme con el supuesto asesino de Lupita Lavargas. El amanerado exvecino de la difunta me saludó muy educadamente, también me pidió permiso para entrar con su bichón maltés, que nada más verme comenzó a ladrar. Yo, sorprendido de su presencia en mis dominios, le pedí que entrara. Ya acomodado, declinó mi ofrecimiento de tomar un café o un té, no podía entretenerse mucho, así que mejor íbamos al grano, me dijo. La primera vez que nos vimos no intercambiamos ni una palabra, ese distanciamiento inicial provocaba ahora algo de frialdad en el trato. Me preguntó si yo preparaba una biografía de Lupita. Gustosamente, le expliqué que, en efecto, yo la había estado escribiendo hasta la "misteriosa" (adjetivo pronunciado con elevación del tono) muerte de ella. El Gran Maxi no se dio por aludido; continuó insistente en su deseo de conocer los pormenores de mi obra inacabada. Me dejó pensativo cuando me interrogó sobre el dinero que Lupita había abonado por mis servicios. Le conté que me había pagado, al igual que el resto de mis clientes, el cincuenta por ciento de seis mil euros a la firma del contrato, y que lo pendiente tendría que haber sido pagado a la recepción de los diez ejemplares del libro encuadernado, conforme se había pactado en este caso, lo cual también era habitual con el resto de mis clientes. Había unas cláusulas que indicaban un número máximo de páginas de la biografía, de días de entrevista para indagar en la vida de la persona, etcétera. También le expliqué al Gran Maxi que nunca antes me había ocurrido que el interesado se quedase por el camino, como sucedió con Lupita. Medio en broma le comenté que pensándolo bien, tras la experiencia con Lavargas, tendría que ser previsor e incluir alguna obligación en los contratos para que los herederos se hiciesen cargo del trabajo empezado.

—Parece que el brujo aquí es usted. Me está leyendo el pensamiento —expuso el brujo oficial.

No lo cogía, no le captaba, fruncí el ceño y puse cara de idiota por no entender a mi interlocutor.

—Verá, —me dijo—, me unía una buena amistad con la finada —yo asentí con la cabeza—. El caso es que ella me comentó de pasada, un día, que le hacía mucha ilusión el trabajo que usted estaba realizando. Creo que sería un gesto por mi parte hacia su memoria pagarle lo que falta para que usted acabe su biografía.

Se me pasaron dos cosas por la cabeza. La primera, trincar el dinero y terminar un libro que cuando lo dejé ya estaba muy avanzado, acción que mi bolsillo y mis acreedores me pedían a gritos. Y la segunda idea que barruntaba era interrogar de manera implacable al cabrón que tenía delante de mí para sonsacarle toda la información posible, lance que probablemente me conllevaría perder la pequeña suma que tan generoso me ofrecía. Si escribo y me mal gano la vida es porque en estas ocasiones el aspecto práctico siempre pierde.

—Para terminar el trabajo que usted quiere, habría de responderme a varias cuestiones que están ahí, en el aire, flotando. Y yo necesito respuestas convincentes, si no el libro quedaría muy falso, algo que por la memoria de Lupita, que tanto respetamos ambos, yo nunca consentiría.

—Lo comprendo.

Maxi cruzó las piernas, una mano la apoyó en su mejilla, y en el ángulo formado por el brazo en posición vertical introdujo la otra. El ramalazo se exteriorizaba bien en esa pose estudiada. Y añadió:

—Dispare... sin balas, por favor —dijo con sonrisilla y entonación picarona—. Por supuesto esto quedará entre nosotros, sólo le servirá para acabar la biografía. Es la única condición que impongo. Y como creo conocer a las personas, sé que estoy con alguien que respetará su palabra si me la da.

—La tiene —dije circunspecto y algo asombrado por la buena disposición a colaborar de mi interlocutor.

El mago-brujo-vidente acomodó su espalda en el asiento, cogió aire y esperó mis preguntas cual interrogatorio de una película americana. Si hubiese tenido falda se habría pasado el pulgar por sus labios de forma sensual para provocarme, no me cabía duda. Yo, bastante serio, le narré cuanto sabía, cuanto lo relacionaba a él con Lavargas y su muerte, sin obviar las sospechas de los policías, e incluso añadí que a lo mejor también él podía estar detrás del dinero desaparecido.

—Usted, amigo, tiene poderes, sí, ya lo creo, usted es clarividente. ¿El dinero? Pues claro que lo tengo yo, si no de qué voy a venir aquí a soltarle un pico sin que me importe nada, con lo ahorrativo que yo he sido siempre. ¡Por Dios!

—¿Dónde estaba la pasta? —inquirí ansioso.

—Pues en mi casa. Lupita, un par de días antes de morir, me soltó una maleta en mi piso. Me dijo que se la guardara, punto. Y una amiga hace eso y más sin preguntar. Estuve a punto de contárselo a la policía y a sus amigos policías, aunque por suerte me callé, y más cuando vi el interés en encontrar el dinero de la parejita que detuvieron. No se imagina la alegría que me dio ver ese millón de euros, en billetitos tan nuevos, en fajos de quinientos...

Claro que me lo imaginaba.

—¿La droga?¿El infarto? —continué con mi tercer grado.

—Hace años tuve un bar de ambiente, ya sabe... Éramos varios socios, con tan mala suerte que uno de ellos, sin saberlo el resto, trapicheaba con pastillas. Una noche hubo una redada y nos llevaron a todos por delante. Sigo sin creerme que me cayeran cuatro años: un mal abogado, un buen fiscal, policías exagerando, un juez homófobo, el que de verdad vendía culpando a los demás... al final, cuatro años que casi acaban conmigo. Menos mal que un gay en la cárcel siempre está protegido —separó su mano de la mejilla, ladeó ligeramente la cabeza, cerró un poco los ojos y sus labios dibujaron un mohín; la suma de esos gestos era un "lo comprende, ¿verdad?".

Le ofrecí un botellín de agua que esta vez sí aceptó, bebió con ganas el líquido, tenía la boca seca. Y sí, yo comprendía...

—Esa es mi estrecha relación con el mundo de las drogas de diseño —su tono adquirió un reproche irónico—. Al "listo" que se le ocurrió que yo podía estar mezclado en la muerte de mi vecina a cuenta de ese rollo se equivoca de lado a lado.

—¿Alguna explicación para el consumo de esa cocaína adulterada? —pregunté.

—A mí me faltaba ese detalle, el de la droga cortada, muy importante detalle que me sirve para completar una teoría que sin ese dato no se tendría en pie. Espero que la respuesta aplaque un poco esa curiosidad que lo está devorando.

Hablaba muy bien el Gran Maxi. Los policías me habían comentado que estuvo vendiendo la Thermomix, no sé si sus dotes oratorias venían de ahí o las había pulido con lecturas carcelarias. El caso es que se expresaba en un muy buen castellano.

Continuó con su explicación tras colocar en su regazo a *Chouchou*.

—Yo le voy a exponer una idea, puede estar equivocada, pero creo que se acerca bastante a la "verdad". Me pregunta por la droga, ¿no le parece sospechoso que nadie encontrara una papelina o algo con sus restos? De acuerdo que la pudo consumir y no dejar rastro, salvo en la sangre o... puede que la invitaran durante esa noche. En ese caso, ¿quién se la dio?

—Imposible dar una respuesta —contesté yo.

—Sabe, mi vecina tenía un buen trato conmigo, era reservada para sus cosas, aunque poco a poco se fue abriendo. Yo también le echaba las cartas cada dos por tres, eso hace que las personas entren en confianza. El caso es que me dijo que se había metido en un buen lío. Había trincado un dinero, el famoso millón, por vender lo que ya sabemos, y no había meditado, como también sabemos, las consecuencias que eso podría tener. Estaba muerta de miedo. Yo le propuse que se largara antes de que se lo reclamasen. Ella me comentó que eso era lo que había previsto; algo, no me quiso contar el qué, se había torcido, y no se atrevía a dar el paso, estaba como paralizada. También tenía la intuición de que su jefe y sus socios la buscarían y encontrarían en el último agujero del mundo. Esa protección que le ofrecieron al final no parece que la convenciese mucho.

—Por el momento no me aporta nada nuevo —repuse yo.

—Tranquilo, tranquilo… Seguro que usted no estaba al corriente de que ella visitó a un cardiólogo —negué con la cabeza—. Lupita se sentía cansada, se desmayó un día y acudió a su médico, que la derivó al especialista. La examinó, le hizo algunas pruebas y le aconsejó que dejara a un lado los excesos, nada de excitantes, vida sana y una operación complicada en ciernes que reduciría el riesgo de caer fulminada por un infarto a cuenta de una malformación cardiaca hereditaria.

—¿Entonces? ¿Qué hacía consumiendo drogas?

—El diagnóstico del cardiólogo no le sorprendió, lo veía venir: su madre y su hermana mayor murieron por un infarto súbito, y su hermana pequeña fue operada y debía llevar una vida muy tranquila. Por eso había pospuesto tantas veces su visita a un especialista, sabía lo que le esperaba. Le habían cortado las alas, a ella, precisamente, tan amante de los excesos. Desde entonces, unas semanas antes de morir, yo pensaba que, aunque amargada, había dejado las drogas.

—No entiendo a dónde quiere llegar —cuanto más hablaba el Gran Maxi, menos comprendía yo.

—Estaba encoñada con la rusa, con la tal… Yulia, y quiero creer que la otra golfa le correspondía. Ya saben cómo son dos lesbianas cuando se encoñan. —Se acercó a mí al soltar esa reflexión y bajó un poco su voz, como si fuera una primicia o un secreto esta conclusión—. Así que enlacemos los cabos. Bueno, falta uno, un seguro de vida de medio millón de euros cuya beneficiaria creo que es Yulia.

—Ya nada me llama la atención —dije.

—Resumiendo… Una chica, vamos una puta, que sabe que aunque se esconda en el lugar más recóndito de este planeta la van a buscar unos tipos con muy mala leche, la encontrarán o no, pero nunca vivirá tranquila para disfrutar de un dinero que, además, difícilmente podrá dilapidar con los placeres que les ofrece la vida a quienes tienen para permitírselo ya que su salud será para siempre delicada, si es que salva su pellejo en una intervención quirúrgica muy arriesgada. ¿Qué se le puede pasar por la cabeza a una criatura así? Pues quizás pensase que la mejor solución estaba en quitarse la vida, no en balde ella la había vivido a tope. Y, de paso, dejar en buena posición a la única persona que ella sentía que la quería. Le confesaré que me dijo que si algo le pasaba habría de darle la maleta a Yulia, cosa que obviamente no hice. Uno tiene que mirar también por su vejez, no hay nada más triste que un maricón viejo, pobre y achacoso.

—Ya... Eso podría explicar que en el último momento y de manera incomprensible pretendiera incluso chantajear a los del CNI.

—Yo no sé, yo no puedo afirmar que ella se metiera esa droga asesina con intención de suicidarse. Claro que después de saber que su muerte pudo ser acelerada por ese consumo, es lo único que me hace cuadrar una teoría sobre su muerte.

—Hombre, he de reconocer que su hipótesis tiene el mérito de ser convincente —comenté pensativo.

El Gran Maxi se levantó abruptamente, miró un reloj de aspecto caro y dijo que debía marcharse. Antes de abandonar el despacho, sacó una cartera de piel, me soltó con cara de pena seis billetes impolutos de quinientos euros sobre mi mesa. *Chouchou*, desde que su dueño tuvo intención de pagarme, no paró de ladrar. Eran tal para cual.

—Lo que le voy a decir no sé si es clarividencia o no, aunque algo me dice que usted se quiere lavar su conciencia con este gesto —apunté yo.

—Lo dicho, clarividente. Un sexto sentido, una intuición endiablada. Usted es un diamante en bruto, bien pulido le podría sacar un gran partido a ese talento.

—Yo creo más bien que es pura observación y deducción.

—Pues sea lo que sea no se equivoca. Sí, es una deuda que tengo con Lupita; como usted dice, es una manera de lavar mi conciencia. Acepte ese dinero antes de que me arrepienta.

No me dio tiempo a añadir nada. Sin estrecharme la mano, me dio la espalda y se encaminó hacia la puerta. *Chouchou* lo siguió gruñéndome; el muy hijo de perra levantó su patita un segundo para dejarme su autógrafo a modo de pequeña meada en el quicio de la oficina. Me quedé sentado con ganas de tirarle al condenado perrito meón un cenicero de cristal que tenía a mano. De fondo, frente a mí, ya en el rellano de la planta, se paró el Gran Maxi y sin girarse se puso a gritar poseído:

—¡La verdad?, ¿acaso existe la verdad?

III

En tres meses acabé el encargo de Lupita y el Gran Maxi: *Guadalupe Lavargas, el enigma de una vida*. Un libro que, pese al título cursi, tenía un notable pulso narrativo. Empecé de cero mi trabajo para centrarme en la muerte de Lavargas y sus circunstancias, procurando también retratar un momento preciso de esta particular Sodoma y Gomorra que es Costalifornia. Salió una novela negra más que una biografía al uso; por suerte, me fue imposible controlar la desbocada pluma cuando encontró su camino, algo que indicaba que lo escrito surgía con fuerza y no era artificioso. Como supuse, y ya habían pasado unos años, nadie me reclamó ni uno solo de los diez ejemplares de cuidada encuadernación que reposaban en la estantería de mi despacho cogiendo polvo, junto a los encargados por otro cliente que salió rana: *Rogelio Camacho, el éxito del éxito*. Mi conciencia estaba tranquila, había cumplido con lo pactado, con una y otra parte, con la muerta y con el último pagador. Sin embargo, pensaba que el final no cumplía las expectativas de una buena novela. La hipótesis del Gran Maxi se me figuraba forzada, pese a que la veía bien enfocada, algo no encajaba, era frágil al querer juntar todas las piezas.

Había pensado en buscar a Yulia para preguntarle, para sonsacarle información. Había pensado en plantarme en Bel Air e interrogar a su amiguito. También estaban los policías... Purroy se fue destinado a una tranquila ciudad manchega tras los pasos de su directora de banco y nueva esposa; con Galán coincidía mucho, comentamos alguna vez este asunto de pasada, empero no había ganas de removerlo, él había asumido plenamente su rol de jubilado, no quería problemas, bastante tenía con escribir sonetos, sus clases de pilates y el jodido macramé; se había convertido en un pensionista hiperactivo. Procuré, de nuevo, no forzar nada. Me daba una pereza tremenda iniciar cualquier investigación para corroborar o refutar lo dicho por el Gran Maxi.

Un día de Navidad del 2014 fui a SPA para pasear por un recién inaugurado y muy publicitado bulevar construido encima del soterramiento de la A-7. Me pareció un paseo muy digno, con sus defectos y excesos, que rompía la tradicional barrera norte-sur que dividió a la ciudad desde que comenzaron las obras para mejorar el tráfico de la autovía. Mucho parque infantil, algunas fuentes, poco verde, buenas cafeterías y un interesante elemento singular: una pasarela elevada de metal y madera que recorre parte del bulevar y que sube y baja en algunos tramos como si fuera o se asemejase a un elemento vivo, interpretación ésta que se la escuché en la televisión local al arquitecto que la diseñó, algo que a mí jamás se me hubiera ocurrido. Iba absorto en mis pensamientos mientras recorría la pasarela cuando de frente vi también paseando a tres adultos que me eran familiares, a su lado una niña montaba en un patinete. Al ponernos a la misma altura nos quedamos quietos, en silencio, sólo la chiquilla, de unos nueve o diez años y piel atezada, quería soltarse de la mano de Yulia y tiraba de ella con fuerza. El geómetra-topógrafo y su compañera alemana pusieron cara de resignación, como si supiesen que era inevitable este reencuentro tanto tiempo aplazado.

—¿Un café? —propuse.

Más silencio.

—Vamos —dije.

Y los cuatro me siguieron sin rechistar. Antes de llegar a la terraza de uno de los bares, Polvillo me tocó el hombro para sugerirme que mejor no nos sentábamos, delante de nosotros había un parque infantil que sirvió para que la niña se fuera a jugar. Los tres parecieron respirar aliviados porque su ausencia les permitiría expresarse con más libertad; eso sí, no quitaban ojo a la pequeña, que se deslizaba sonriente por un tobogán a menos de diez metros de distancia. Yulia la llamó "Lupe" para advertirle que tuviese cuidado, y yo, mal fisonomista, no creí equivocarme al verle mil parecidos con Lavargas. Pregunté si era su hija, y asintieron. Pregunté quién era el padre. Polvillo se encogió de hombros, Yulia me dijo que ese secreto se lo llevó Lupita a la tumba. Aspiré profundamente y demandé una explicación de cuanto ellos sabían, añadí que me la merecía por el cariño que le tenía a la difunta. La ucraniana, que seguía preservando su belleza y esa sexualidad latente, me repitió la frase anterior: "la verdad es un secreto que Lupita se llevó a la tumba". Iba a comenzar a soltar improperios para sacudir un poco a quienes yo creía que pretendían tomarme el pelo, afortunadamente no hizo falta, Polvillo se olió mi indignación y enseguida aclaró:

—Nosotros sólo sabemos que Lupita murió. Yulia, que era legalmente su pareja de hecho, recibió información sobre la posibilidad de que el consumo de droga adulterada hubiese causado su fallecimiento por la cardiopatía que ella padecía. Oficialmente, para el juzgado, fue una muerte natural.

Les solté la teoría del Gran Maxi, así como otros datos de interés para aclarar el entuerto.

—¡El Gran ladrón! —dijo la alemana con evidente enfado cuando terminé de hablar del quiromántico.

P.J. Polvillo, me dio la impresión, tenía ganas de zanjar pronto la discusión:

—Que ella consumiese esa mierda para quitarse la vida es una posibilidad. Aunque no me negará que eso es imposible de probar. La pudieron forzar a ese consumo o engañar ¡Vaya usted a saber! La teoría del impresentable Maxi no carece de fundamento, no lo niego, yo mismo la suscribiría; pero a quien buscó favorecer, si de verdad se suicidó, y por lo tanto su acto fue voluntario y pensado para ello, es a su hija. Contrató un seguro de vida de medio millón de euros que la tiene de beneficiaria cuando cumpla los dieciocho años, si es que algún día ganamos el pleito con la compañía aseguradora, porque se niega a pagar a cuenta de la droga encontrada en la sangre de Lupita al serle realizado el análisis forense.

Fue interrumpido por Lupita junior, le entregó un abrigo que le pesaba para jugar. Le preguntó si no iba a tener frío sin él, la pequeña ni contestó, salió corriendo hacia los columpios. Con la prenda bajo el brazo, el geómetra continuó:

—Un día antes de morir le dijo a Yulia que había ganado mucho dinero en una venta de terrenos, que lo tenía guardado y que si le pasaba algo era para ella y su hija. Llevaba días con la retahíla de que algo le podía pasar, ya no le hacíamos ni caso. Ella era muy dada al secretismo y no concretó el lugar donde había guardado los billetes, le gustaba tener un as bajo la manga. Pensamos que el dinero estaría en el banco, por eso fuimos a por la llave al piso. Resulta que nos paró los pies, detalle que ya me hizo sospechar, quien lo tenía en depósito, como supusimos más tarde cuando el sinvergüenza se quitó de en medio. No podíamos ir con el cuento a la policía, ni contárselo a nadie por razones obvias: la procedencia del millón, la esperanza de encontrarlo... Ahora usted nos confirma lo que intuíamos. No nos pilla de sorpresa.

—¿Y usted y su pareja qué pintan de verdad en esto? —pregunté.

—Yo tenía amistad con Lupe desde que llegó aquí, por un piso que le alquilé. No solo la conocía de sus encargos técnicos, que quede claro. Antes de trabajar en el Notorius se marchó unos meses a México para dar a luz. Al venir me comentó que ella no podía criar al bebé por su trabajo, buscaba una pareja de confianza que la ayudase. Nosotros accedimos encantados; mi mujer acababa de llegar de su país y el cuidado de la niña la distraía. Lupe venía a casa siempre que le daba la gana, pero por esas paranoias suyas no quería que nadie supiese que tenía una hija. Si salíamos juntos a la calle no debía ser por la zona, tomaba mil precauciones con su deseo de protegerla de su mundo o yo qué sé. Al morir, Yulia la adoptó legalmente, sin que eso cambiase la relación que con ella teníamos, ya que sigue viviendo con nosotros. Es una chiquilla, lo puede ver, que se está criando en la felicidad más absoluta.

Me volví a mirarla, jugaba alegre con otros niños ajena a lo que hablábamos.

Me imaginé a Guadalupe Lavargas contemplando a su hija, como en ese momento lo hacía yo, con ganas y deseos de proyectar en ella todos los sueños que por mil y una razones hubo de aplazar hasta que comprendió que eran irrealizables, pura frustración que la perseguiría el resto de su vida. Una impresión que nos persigue a tantos y tantos de nosotros. La imaginé pensando que a su hija nada de eso habría de sucederle, y que pondría cuantos medios tuviese a su disposición para asegurar su futuro.

La verdad sobre un ser tan complejo, sobre su muerte, por mucho que nos empeñemos, nos estará siempre vedada. Podemos suponer y debemos suponer qué pasó, y la realidad de su triste final seguro que no se aleja demasiado de lo supuesto: un suicidio para salvar lo poco que ya le podía importar de la vida.

Me despedí fríamente de la pareja. Yulia me dio un beso de despedida en la mejilla y aprovechó para guiñarme un ojo y agarrarme fuerte el brazo durante un segundo. Yo enrojecí. La pequeña le dio la mano con una sonrisa de oreja a oreja. Me puse a su altura y le di un beso en la frente.

Observé cómo partían en dirección a la pasarela. Se los veía ciertamente felices. Me enterneció la escena hasta llegar a emocionarme. Me acordé de Lupita, mis muchos recuerdos de ella pasaron de forma fugaz por mi mente. Sólo me quedaba una cosa por hacer.

De vuelta a Bella fui directo a mi despacho. Abrí el cajón de mi mesa y saqué un sobre con los seis billetes de quinientos euros que me había soltado el Gran Maxi. En su momento supe que compraba un pedacito de buena conciencia, y no me equivoqué cuando se lo eché en cara. Conmigo que no contase. El último acto que me quedaba para pasar la página de este episodio era deshacerme de ese dinero que tanto me asqueaba, que tanto había necesitado en periodos de mi vida, y que nunca toqué a modo de sacrificio hasta que no desentrañase la verdad de esta historia. Cogí un mechero para quemar los billetes sobre un cenicero. Mientras el fuego purificador hacía su trabajo, volví mi vista hacia los libros de la extraña biografía-medio novela negra que descansaban sobre los anaqueles de mi oficina. En un estado de excitación nerviosa que me era placentero, bajé a la calle dando zancadas para buscar un contenedor de basuras donde arrojé una bolsa de plástico que contenía los ejemplares nunca reclamados. Fueron unos minutos de frenesí destructivo que me permitieron exorcizar para siempre todos los fantasmas que, implacables, me habían perseguido desde la muerte de Lavargas.

IV

A la mañana siguiente, me llamó mi polifacético amigo Andrés —al que yo había nombrado meses atrás en una noche de farra mi agente literario por aquello de que conocía el medio de la edición—, me felicitaba porque mediante sus contactos una importante editorial iba a publicar en su colección de novela negra *Guadalupe Lavargas, el enigma de una vida*. Yo ya ni me acordaba que le había pasado un archivo informático del libro. Me resistí de forma vehemente a que se publicase, le expliqué mis reticencias, y él, muy perseverante, me convenció: "A Lupita también le hubiese gustado que tú aceptases. Es lo justo, te lo has trabajado de corazón. Así su recuerdo nunca desaparecerá". Eso, y dos mil ejemplares previstos en la primera edición, terminaron de torcer mi voluntad. Hube de añadir a la biografía este epílogo y los de la editorial cambiaron el título, que juzgaron, con buen criterio, infumable.

No pido perdón a nadie ni pretendo justificarme. Soy escritor y es lo único que sé hacer. ¡Cómo voy a ocultar mi creación si precisamente yo opino que se escribe para compartir, para la eternidad, para la posteridad! Sólo me queda agradecer hasta el día en que mi mente se nuble o perezca que Lupita me brindó una historia digna de ser contada. Fue generosa hasta el final, y ese tipo de generosidad merece el homenaje público que significa este libro.

Qué pena que no pueda agradecérmelo a mí directamente, tal y como me lo había prometido...

OBITUARIO

(Aparecido en el diario El Sol de Costalifornia en marzo de 2015)

Me veo en la tesitura de escribir un obituario sin la certeza absoluta de que su protagonista haya muerto, supuesto éste, o más bien imposible milagro, que me congratularía en extremo por tratarse de un buen amigo. Me refiero a Víctor H. del Castillo, quien falleció, presuntamente, cerca de la frontera ruso-ucraniana en un extraño incidente militar entre las fuerzas prorrusas y militares ucranianos. Al parecer, y según fuentes del Ministerio de Asuntos Exteriores, la muerte le sobrevino hace una semana al ser bombardeada la biblioteca de Donetz donde ejercía su labor de voluntario en una ONG llamada *Libros sin fronteras*. Su mujer, dicen las mismas fuentes, pereció también en el bombardeo y posterior incendio del edificio histórico que albergaba una de las mejores bibliotecas del este ucraniano. El trágico suceso se produjo cuando ambos procedían a poner a salvo el importante fondo bibliográfico de la centenaria institución. Sólo hay testimonios confusos de la presencia del matrimonio dentro del inmueble, pues al encontrarse en pleno frente de batalla ha sido imposible acceder hasta él para buscar sus cadáveres, algo que resultará muy complicado por el amasijo de escombros y cenizas en que quedó convertido el lugar, según atestiguan las fotos publicadas en algunos medios. Fue su esposa, Yulia Suslova, quien, tras su reciente casamiento, convenció a Víctor H. para iniciar una nueva vida en su país. No ha trascendido más de la sucesión de acontecimientos que llevó a nuestro escritor local a pertenecer a la citada ONG argentina y fallecer en esa recóndita región. Desde hacía dos meses no se comunicaba en Bella con nadie de su familia ni con sus amigos de siempre.

Víctor H. del Castillo nació en Cortes un 1 de marzo de 1971. Su casa familiar se encontraba en ese diminuto y antiguo núcleo rural donde se cruzan las lindes de los dos términos vecinos de Bella. Pronto pasó a residir en SPA. Un pequeño comercio regentado por su familia fue el culpable de esta mudanza que él recordaba con cariño por la mucha felicidad que durante unos años, los de sus infancia, le dio SPA. Citando a Rilke, diríamos aquello de que su patria es su infancia, y en el caso de nuestro escritor esto era de una certeza total.

Fue buen estudiante hasta que hubo de elegir; tres carreras universitarias dejadas a medias dan fe de ello: Económicas, Sociología e Historia. Él nos solía decir que casi todas sus apuestas vitales habían sido perdedoras. Sin ir más lejos, su inconstancia en los estudios lo llevó a inexplicables experiencias en ámbitos laborales completamente ajenos a sus gustos personales. Tras abandonar la universidad, comenzó a ejercer en múltiples oficios: vendedor inmobiliario, vendedor de automóviles, auxiliar de banca, camarero, dj, recepcionista, exportador, empresario… y seguro que me dejo atrás alguna dedicación de esas que jamás lo llenaron y que únicamente acrecentaban su deseo de vivir de las letras, su auténtica pasión.

Desde los veinticinco hasta los treinta y cinco años escribió hasta cinco novelas, de las cuales sólo una, *Historia casual de SPA,* vio la luz, con relativo éxito al haber sido distribuida sólo localmente. Sin desfallecer en su voluntad de ganarse la vida con la escritura, adaptó el viejo oficio de "negro" a las necesidades actuales. Puso despacho en Bella donde recibía a cuantos querían una biografía o trabajo afín. La idea cuajó y nunca le faltaron clientes que le permitieron abandonar sus otras dedicaciones y centrarse en el oficio de escritor. Se sentía orgulloso de haber alcanzado el sueño de vivir de su talento literario, aunque fuese puesto a disposición del mejor postor.

Sus obras, al menos las dos que yo he podido leer, destacan por utilizar siempre el mismo continente. Cualquier escrito suyo tenía por escenario a Bella y SPA, epicentros de su real e inventada Costalifornia, donde se sucedían historias mundanas o transcendentales, inverosímiles o creíbles, irreverentes o respetuosas, presentes o pasadas. A veces reaccionaba contra este encasillamiento espacial, así llegó a escribir una serie de relatos cortos que se desarrollaban en su idolatrada París, urbe donde había residido un tiempo y que conocía bastante bien; mas al final, indefectiblemente, acababa siempre en

Bella o en SPA. Dos ciudades que las había paseado y pateado de arriba abajo, disfrutando de sus mejores rincones para comer o beber, o para divertirse o perderse.

Fue un bohemio de corazón con alma de pequeño burgués que gustaba vestir con camisa bien planchada, pantalón de pinzas y jersey de marca. Alto aunque cargado de espaldas, de andares poco ortodoxos, y no mal parecido, lucía su apostura y saber estar en cualquier situación y con cualquier persona. Adoró la noche con sus inconfesables vicios, entre los que podríamos y deberíamos incluir su adoración por la compañía femenina.

La lectura de su obra nos conduce a una complejidad narrativa en su estructura que no destruye en ningún momento la facilidad para comprender el texto; a cambio, obliga a seguir sus giros imprevistos, diferentes tramas y narradores que se superponen. Él odiaba a los escritores oscuros o experimentales, a aquellos que necesitan de un estudio previo para entenderlos, a quienes emborronan intencionadamente su estilo para hacerlo cuasi ininteligible. Es una pena que Víctor H. no alcanzase la gloria literaria, salvo en el reducido mundillo cultural de Bella, donde también, cómo no, tenía sus detractores. Creo que la decisión de tomarse un respiro de nuestra ciudad tenía mucho que ver con esa frustración personal de no haber alcanzado sus metas profesionales, o al menos las que él se había marcado, porque nadie le negará gran capacidad de adaptación e inventiva para vivir de la escritura. Está por estudiarse, y espero que algún día se haga, sus obras por encargo. Conociendo su pasión y dedicación al oficio de escritor estoy seguro de que estaremos ante una parte de su carrera nada desdeñable, pondría en cada biografía lo mejor de su talento.

En vida, y con su habitual forma de bromear tras algunos *gintonics*, ya me pidió en alguna ocasión un obituario, decía que le gustaba mi facilidad para resumir en un par de folios una vida. Puestos a envidiar, ya hubiese querido yo para mí ese ingenio suyo capaz de llevarte por un camino argumental, liarte en un atajo y llegar a la meta de tan intrincado recorrido sin perder un detalle.

No es fácil hablar de un amigo por el que uno ha profesado cariño, admiración y amistad. Nos faltará siempre en la mesa de los elegidos quien precisamente estaba llamado a ser la pluma de Bella, su cronista literario; él y solo él tenía las cualidades para legar a la posteridad un trabajo que habría colocado a nuestra ciudad entre esos territorios novelescos que cualquier gran lector reconoce en un puñado de escritores. No había más que comenzado su labor y una maldita guerra le ha privado de ofrecernos en su madurez lo mejor de su talento.

Era de esas personas que a primera vista podía parecer antipático, mas en el fondo estábamos ante un tímido profundo que una vez que se soltaba te brindaba la amistad y el afecto profundo. No es menos verdad que ya estaba en un punto de su vida donde, como él mismo reconocía, no servía para ejercer de hipócrita, y por lo tanto no perdía su tiempo con cualquiera. Admirador y humilde lector de los griegos antiguos, buscaba en estos últimos años la virtud, ese término que para los padres de la Filosofía se encontraba en la sabiduría, y que Víctor entendía como el perfeccionamiento de su técnica de escritura devorando libros e intentando aprender de los grandes escritores. Estos últimos meses, antes de desaparecer, había entrado en un periodo místico, de una austeridad que asustaba. Se refugiaba semanas enteras en su fría, destartalada y aislada casa de campo, rodeado de naturaleza; se dedicaba a meditar, leer y escribir.

Termino descubriendo un secreto que guardaba celosamente. Esa "hache punto" que acompañaba a su nombre fue un añadido suyo, un homenaje a su idolatrado Víctor Hugo. El genio francés escribió una inigualable reflexión que supone un triunfo del alma inmortal: "Jamás me cansaré de repetirlo: la muerte no es la noche, sino la luz; no es el final, sino el comienzo; no es la nada, sino la eternidad".

Descansa en paz, amigo.

Ovidio Moyano

TÍTULOS PUBLICADOS:

LLÁMAME PADRE
Melchor de Castro Jurado

LOS FELICES AÑOS DIFÍCILES
Ángel Polo

PRIMEROS VERSOS
Isabel Blanco Martín

RELATOS CORTOS PARA "LETRAS EN EL BARRIO"
Varios autores

HOMENAJE A LOS ARRIEROS EN LA POLACA DE MARBELLA
Varios autores

GUÍA DE SENDERISMO: CASABERMEJA
Alfredo Vidal Gámez

MIEDO, POBREZA E IRREALIDAD
Andrés García Baena

LAS CASTAÑUELAS MÁGICAS
Josefina Arias

CUENTOS PARA UNA TARDE DE VERANO
Antonio Núñez Azuaga

HISTORIA DE MARBELLA Y SAN PEDRO ALCÁNTARA
Andrés G. Baena y Pepe S. Moyano

HISTORIETAS Y ANÉCDOTAS DIVERTIDAS DE MARBELLA
José Galán Macías

COFRE DE TESORILLOS
Concha García Benítez

PINTURA CONTEMPORÁNEA EN MARBELLA. 50 NOMBRES
José Manuel Sanjuán

RECETAS CON AGAR Y OTRAS DE SIEMPRE
Lucrecia Zurdo

SOLERA DE JEREZ, LA MUJER QUE SOÑABA EL BAILE
Paco Vargas

VERSOS PINTADOS, PINTURA RIMADA
Agustín Casado

EL AGUARDIENTE DE OJÉN
José Bernal Gutiérrez

LA COSTUMBRE DE ESCRIBIR
Francisco Moyano

RECUERDO OLVIDADO
Daniel Miguélez

EL RITMO DE LOS CAMINOS
Miguel Rodríguez

PIONEROS DE LARACHE: HISTORIAS DE LARACHE
Manuel Gago Alario

EL DIARIO DE UN HEDONISTA
Paco Vargas

ABEJITAS DE ORO / EL SENDERO DE LA AMISTAD
Josefina Arias y Encarnación Urbano Ortiz

BDSM, PRÁCTICAS SEXUALES Y PARAFILIAS AL ALBOR DE LAS "SOMBRAS DE GREY"
Ana E. Venegas

PARA MÍ QUE LO HABÍA PUESTO AQUÍ: MEJORAR LA MEMORIA
Luis Carlos Barea Cobo

SOBRE PERROS Y HOMBRES
José Luis Moreno

ABOUT DOGS AND MEN
José Luis Moreno

LA LEYENDA DEL CASTILLO DE MARBELLA
José Mesa Ramos de Castro

EL LIBRO DEL BARCO
Pedro Alonso Atienza y Francisco Casaurrán Castelo

LA IGUALEJA MÁGICA
Salvador González Álvarez

QUIMERA BIPOLAR
Ana E. Venegas

ENRIQUE MORENTE, MALGRÉ LA NUIT
Paco Vargas

SIN PERDER LA COSTUMBRE
Francisco Moyano

ISTÁN. ANTROPOLOGÍA DE LA SUPERVIVENCIA. EL MEDIO FÍSICO, GEOGRÁFICO Y ANTROPOLÓGICO (S. XVI AL XXI)
Pedro Gómez Gómez

EL TESORO DE LAS HADAS / EL LIBRO SOLIDARIO
Josefina Arias y Encarnación Urbano Ortiz

ADIVINACUENTOS Y OTROS INVENTOS
Francisco Rodríguez Gómez

"CADA DÍA TE DESCUBRO". ELOGIO DEL ARTISTA PLÁSTICO VICENTE DE ESPONA
Francisco Moyano

EL TESORO DE LAS HADAS / EL LIBRO SOLIDARIO
Josefina Arias y Encarnación Urbano Ortiz

MALDITO, NO TE CASARÁS CON NUESTRA HIJA
Giuseppe Atzori

SIETE VIDAS Y SIETE BODAS
Shulamit Afriat von Bismarck

MEIN LEBEN
Busso von Bismark

NUEVALMA
Ana Isabel Almarcha Aguilar

LA SEÑORITA CLARA. BUSCANDO LA FELICIDAD
Encarnación Urbano Ortiz

CARTAS A BLAU
Paco Vargas

Contáctenos en: **una@libreriaalfaqueque.es**
Visítenos en: **www.libreriaalfaqueque.es/ediciones-algorfa/**